Inverkehrbringen von Arzneimitteln und Medizinprodukten

David Reinhardt

Inverkehrbringen von Arzneimitteln und Medizinprodukten

Vergleichende Evaluation der Verfahren und Schwachstellenanalyse in Deutschland

 Springer

Dr. David Reinhardt
München, Deutschland

Zugl.: Dissertation Ludwig-Maximilians-Universität München, 2016

ISBN 978-3-658-16366-2   ISBN 978-3-658-16367-9   (eBook)
DOI 10.1007/978-3-658-16367-9

Die Deutsche Nationalbibliothek verzeichnet diese Publikation in der Deutschen National-
bibliografie; detaillierte bibliografische Daten sind im Internet über http://dnb.d-nb.de abrufbar.

Gedruckt auf säurefreiem und chlorfrei gebleichtem Papier

Springer ist Teil von Springer Nature
Die eingetragene Gesellschaft ist Springer Fachmedien Wiesbaden GmbH
Die Anschrift der Gesellschaft ist: Abraham-Lincoln-Str. 46, 65189 Wiesbaden, Germany

Geleitwort

Die Dissertation von David Reinhardt zum Thema „Inverkehrbringen von Arzneimitteln und Medizinprodukten" behandelt ein hochaktuelles und bisher wenig wissenschaftlich bearbeitetes Themengebiet. Sowohl bei Arzneimitteln als auch bei Medizinprodukten gibt es auf deutscher und europäischer Ebene immer wieder Vorstöße, diese Systeme zu verbessern.

Wie die verschiedenen Systeme zum Inverkehrbringen aus gesamtgesellschaftlicher Sicht durch Elemente des jeweils anderen Systems verbessert werden können, ist jedoch bisher kaum wissenschaftlich erforscht. Eine solche Untersuchung ist jedoch wichtig, da sie die Versorgung der Gesellschaft mit qualitativ hochwertigen und sicheren Arzneimittel und Medizinprodukten verbessern kann.

Die in dieser Arbeit vorgenommene vergleichende Beschreibung der momentan geltenden Verfahren bildet eine wichtige Basis für eine solche Diskussion und zeigt macht Gemeinsamkeiten und Unterschiede der Arzneimittelzulassung und des Inverkehrbringens von Medizinprodukten auf. In den durchgeführten Interviews wird deutlich, wie groß die Diskrepanz der verschiedenen Interessengruppen bei Medizinprodukten ist und wie verglichen damit homogen die Meinungen zur Arzneimittelzulassung sind.

Die erarbeiten Empfehlungen knüpfen an die wissenschaftlichen Ausarbeitungen zur Sicherheit von Arzneimitteln und Medizinprodukten an und greifen wichtige Impulse sowie praktischen Erfahrungen der interviewten Interessengruppen auf. Daher können sie sowohl helfen den wissenschaftlichen Diskurs um Sicherheit von Arzneimitteln und Medizinprodukten anzuregen als auch die politischen Diskussionen zu diesen Themen bereichern.

Es wäre wünschenswert, wenn es David Reinhardt mit seiner Arbeit gelänge, in der laufenden Diskussion wegweisende Impulse zur weiteren Verbesserung der Arzneimittelzulassung und des Inverkehrbringens von Medizinprodukten zu geben.

Professor Manfred Wildner

Vorwort

Ganz herzlich möchte ich mich bei Prof. Dr. Manfred Wildner für seine umfassende Betreuung und hilfreichen Ratschläge sowie bei Prof. Dr. Ulrich Mansmann für seine umfangreiche Unterstützung und das mir entgegengebrachte Vertrauen bedanken. Sie beide haben diese Arbeit erst möglich gemacht.

Außerdem bedanke ich mich bei Dr. Nicholas Schramek und Dr. Anton Obermayer für ihre Einführung und die hilfreichen Kommentare. Sie haben mir den Einstieg in die Materie sehr erleichtert, den Grundstein für eine tiefgehende Auseinandersetzung mit der Zulassung von Arzneimitteln und dem Inverkehrbringen von Medizinprodukten und damit für diese Arbeit gelegt.

Ich möchte mich an dieser Stelle ganz herzlich bei den zahlreichen Interviewpartnern für ihre Offenheit, das mir entgegengebrachte Vertrauen und für die interessanten Interviews bedanken. Vielen Dank, dass Sie sich die Zeit für die Interviews genommen haben und Ihr Wissen mit mir geteilt haben.

Ein besonderer Dank geht auch an Dorothea Schmidt, Nora Karara und Thomas Heisser für die interessanten fachlichen Auseinandersetzungen und die umfangreiche Unterstützung.

Zu guter Letzt danke ich auch allen Freunden, Bekannten und Verwandten, die mich bei meiner Arbeit unterstützt haben. Ohne Euch hätte ich diese Arbeit nie so zielstrebig abschließen können.

Dr. David Reinhardt

Inhaltsverzeichnis

Abbildungsverzeichnis

Tabellenverzeichnis

Abkürzungsverzeichnis

Abkürzung	Bedeutung
AIMD	Aktive Implantate Direktive (90/385/EWG)
AM	Arzneimittel
AMG	Arzneimittelgesetz
AMNOG	Gesetz zur Neuordnung des Arzneimittelmarktes
ASMF	Active Substance Master File
BDS	Berufsverband Deutscher Soziologinnen und Soziologen
BfArM	Bundesinstitut für Arzneimittel und Medizinprodukte
BGB	Bürgerliches Gesetzbuch
BMG	Bundesministerium für Gesundheit
CDU	Christlich Demokratische Union Deutschlands
CE-Kenn-zeichnung	Conformité Européenne: Europäische Konformitätskennzeichnung
CMDh	Coordination Group for Mutual Recognition and Decentralised Procedures - Human: Koordinierungsgruppe der Länderbehörden
CMS	Concerned Member State
COMP	Committee for Orphan Medicinal Products
CP	Zentralisiertes Zulassungsverfahren
CSU	Christlich-Soziale Union in Bayern
CTD	Common Technical Document
DCP	Dezentralisiertes Zulassungsverfahren
DFG	Deutsche Forschungsgemeinschaft
DGS	Gesellschaft für Soziologie

DIMDI	Deutsches Institut für Medizinische Dokumentation und Information
EC	European Commission: Europäische Kommission
EG	Europäische Gemeinschaft
EMA	European Medicines Agency: Europäische Agentur für die Beurteilung von Arzneimitteln
EMBASE	Excerpta Medica Database
Erw.	Erwägung
EU	Europäische Union
Eudamed	European Databank on Medical Devices: Europäische Datenbank für Medizinprodukte
EWG	Europäische Wirtschaftsgemeinschaft
EWR	Europäischer Wirtschaftsraum
FDA	Food and Drug Administration
G-BA	Gemeinsamer Bundesausschuss
GKV	Gesetzliche Krankenversicherung
HIV	Humanes Immundefizienz-Virus
HLA	Humanes Leukozytenantigen-System
HTLV	Humanes T-lymphotropes Virus
ICH	International Conference on Harmonisation of Technical Requirements for Registration of Pharmaceuticals for Human Use
IP	Interview Partner
IQWiG	Institut für Qualität und Wirtschaftlichkeit im Gesundheitswesen
ISO-Norm	International Organization for Standardization-Norm
IVD	In-vitro-Diagnostikum
LMU	Ludwig-Maximilians-Universität München

MDD	Medical Device Directive: Medizinprodukterichtlinie (93/42/EWG)
MP	Medizinprodukte
MPG	Medizinproduktegesetz
MPGVwV	Allgemeine Verwaltungsvorschrift zur Durchführung des Medizinproduktegesetzes (Medizinprodukte-Durchführungsvorschrift – MPGVwV)
MPSV	Medizinprodukte-Sicherheitsplanverordnung
MPV	Medizinprodukteverordnung
MRP	Verfahren der gegenseitigen Anerkennung
OP	Operation
OPAC	Online Public Access Catalogue: öffentlich zugänglicher Online-Katalog
PEI	Paul-Ehrlich-Institut
PIP	Poly Implant Prothèse
PKV	Private Krankenversicherung
PR	Public Relations: Öffentlichkeitsarbeit
PRAC	Pharmacovigilance Risk Assessment Committee
PSUR	Periodic Safety Update Report
QM	Qualitätsmanagement
QM-Beauftragter	Qualitätsmanagement-Beauftragter
QM-System	Qualitätsmanagementsystem
RCT	Randomized controlled trial: Randomisierte kontrollierte Studie
RiLi	Richtlinie
RMP	Risk Management Plan
RMS	Reference Member State

SGB	Deutsches Sozialgesetzbuch
SPD	Sozialdemokratische Partei Deutschlands
StrlSchV	Strahlenschutzverordnung
TAVI	Transkatheter-Aortenklappen-Implantation
TÜV	Technischer Überwachungsverein
UAWs	Unerwünschte Arzneimittelwirkungen
UDI	Unique-Device-Identification: eindeutigen Kennzeichnung von Medizinprodukten
USA	United States of America: Vereinigte Staaten von Amerika
vfa	Verband Forschender Arzneimittelhersteller e.V.
VO	Verordnung
ZLG	Zentralstelle der Länder für Gesundheitsschutz bei Arzneimitteln und Medizinprodukten. Sie ist die deutsche Koordinierungsstelle für Arzneimittel und benennt und überwacht die Benannten Stellen für Medizinprodukte (ZLG, 2015).

1 Einleitung

1.1 Hintergrund

Verbesserungen durch Innovationen sowie die Sicherstellung von Qualität und Wirksamkeit nach allgemein anerkanntem Stand der medizinischen Erkenntnisse unter Berücksichtigung des medizinischen Fortschritts sind treibende Kräfte für das Inverkehrbringen von Arzneimitteln und Medizinprodukten. Das wichtigste Regulierungsziel beim Inverkehrbringen von Arzneimitteln und Medizinprodukten in Deutschland ist die Gewährleistung der Patientensicherheit sowie bei Medizinprodukten zusätzlich die Sicherstellung des freien Warenverkehrs innerhalb der Europäischen Union (§ 1 AMG; § 1 MPG). Mit dem Gesetz zur Neuordnung des Arzneimittelmarktes (AMNOG) wurde für Arzneimittel ein Anreizsystem geschaffen, das Innovationen fördert und gleichzeitig die steigenden Arzneimittelausgaben eindämmt (Bundesministerium für Gesundheit, 2013). Ähnliche Entwicklungen fehlen bei Medizinprodukten.

Die Prozesse, die Arzneimittel und Medizinprodukte vor dem Inverkehrbringen durchlaufen müssen, und die Anforderungen an die Produkte sind grundsätzlich verschieden (Parvizi & Woods, 2014): Während für die Zulassung von neuen Arzneimitteln pharmazeutische, präklinische und klinische Studien unter anderem die Sicherheit und Wirksamkeit der Wirkstoffe nachweisen müssen (Art. 8 der RiLi 2001/83/EG), müssen klinische Daten bei Medizinprodukten nicht unbedingt vorgelegt werden (RiLi 93/42/EWG; 90/385/EWG; 98/79/EG).

Auch wenn der Zugang zu innovativen Produkten bei Arzneimitteln und Medizinprodukten im Rahmen der gesetzlichen Krankenversicherung in Deutschland verglichen mit anderen Gesundheitssystemen vergleichsweise gut geregelt ist (Gibis & Steiner, 2014), gibt es besonders bei Medizinprodukten Verbesserungsbedarf. Zum Beispiel lassen die gesetzlichen Rahmenbedingungen auf europäischer wie auf nationaler Ebene ein effektives Risikomanagement bei Medizinprodukten nur eingeschränkt zu und ermöglichen dadurch grundsätzlich vermeidbare Schäden (Hölscher, 2014). Das Verbesserungspotential wurde von der Europäischen Kommission erkannt, die 2012 die fehlerhaften Brustimplantate der Firma Poly Implant Prothèse (PIP) zum Anlass nahm, die Mechanismen, die die Sicherheit von Medizinprodukten garantieren sollen, zu überprüfen (Hibbeler, 2012). Die Generaldirektion „Gesundheit und Lebensmittelsicherheit" der Europäischen Kommission beschloss daraufhin, aktuelle Gesetzestexte zu überarbeiten. Auf europäischer Ebene werden aktuell (Stand: Dezember 2014) Änderungen des Medizinprodukterechts diskutiert, die die Sicherheit der Medizinprodukte weiter verbessern sollen. Wann die Diskussionen abgeschlossen sein werden und wie die Überarbeitungen aussehen werden, ist noch offen (Bundesministerium für Gesundheit, 2013; European Commission, 2013).

Da für Arzneimittel und Medizinprodukte unterschiedliche Herangehensweisen gewählt wurden, um z. B. die Sicherheit zu gewährleisten, bietet sich ein Vergleich der beiden Ansätze an, um Unterschiede und Gemeinsamkeiten zu erkennen, zu bewerten und gegebenenfalls Verbesserungen zu empfehlen.

1.2   Forschungsfragen

Ziel der Studie ist eine Beschreibung und Evaluation der Zulassung von Arzneimitteln bzw. des Prozesses zum Inverkehrbringen von Medizinprodukten in Deutschland, gefolgt von einer Schwachstellenanalyse der beiden Verfahren. Letztendlich sollen Handlungsempfehlungen aus dieser Analyse abgeleitet werden.

Daraus ergeben sich folgende Forschungsfragen:

1) Welche Verfahren gelten derzeit für die Zulassung bzw. das Inverkehrbringen von Arzneimitteln und Medizinprodukten in Deutschland?

2) Wie können die Prozesse des Inverkehrbringens von Medizinprodukten z. B. durch Vorgehensweisen aus der Arzneimittelzulassung verbessert werden und umgekehrt?

Zur differenzierten Beantwortung der zweiten Forschungsfrage werden die folgenden drei Unterfragestellungen formuliert:

a) Wo sind Ähnlichkeiten und wo sind Unterschiede zwischen der Zulassung von Arzneimitteln und dem Inverkehrbringen von Medizinprodukten in den momentan geltenden Verfahren?

b) Wie werden die beiden Verfahren von beteiligten Interessengruppen bewertet?

c) Was könnte bei beiden Verfahren aus gesellschaftlicher Sicht verbessert werden?

2 Methodik

In einem ersten Schritt werden die vom Gesetzgeber vorgeschriebenen Verfahren, die ein Arzneimittel und ein Medizinprodukt durchlaufen müssen, bevor sie Patienten oder Konsumenten zur Verfügung stehen, beschrieben. Auf dieser Basis werden relevante Indikatoren für den Vergleich der beiden Prozesse identifiziert sowie Gemeinsamkeiten und Unterschiede beschrieben. Daraufhin werden verschiedene Experten befragt, um ein besseres Verständnis über die tatsächlichen Abläufe zu gewinnen und Schwachstellen zu identifizieren.

Die verwendeten Methoden entstammen der qualitativen empirischen Sozialforschung. Im Speziellen kommen Dokumentenanalysen, Experteninterviews und die Inhaltsanalyse nach Mayring zum Einsatz. In Kapitel 2.1. wird zuerst die Basis der qualitativen Forschung beschrieben und auf die Besonderheiten von Experteninterviews eingegangen. Kapitel 2.2. schildert die Deskription der derzeitigen Verfahren durch eine Dokumentenanalyse. Abschließend beschreibt Kapitel 2.3. die Umsetzung der Experteninterviews sowie der Schwachstellenanalyse. Dafür kommt die qualitative Inhaltsanalyse nach Mayring zur Anwendung (Mayring, 2010). In der Diskussion werden die Ergebnisse in Kapitel 4.2. in Relation zum aktuellen Forschungsstand diskutiert.

2.1 Qualitative Forschungsmethoden

Die methodischen Grundlagen für die Bearbeitung der Forschungsfragen sind, wie bereits oben dargestellt, der empirischen gesundheitswissenschaftlichen Forschung entlehnt. „Als empirische [...] [Forschung] bezeichnen wir Untersuchungen, die einen bestimmten Ausschnitt der [...] Welt beobachten, um mit diesen Beobachtungen zur Weiterentwicklung von Theorien beizutragen" (Gläser & Laudel, 2010, S. 24). Innerhalb der Gesundheitswissenschaft können prinzipiell zwei Arten unterschieden werden: Die quantitative („theorietestende") und die qualitative („theoriegenerierende") Forschung (Gläser & Laudel, 2010, S. 24). In der qualitativen Forschung gibt es wiederum verschiedene Ansätze. Grob zu unterscheiden sind die sogenannte teilnehmende Beobachtung und verschiedene Formen der Interviews, unter die auch die Experteninterviews fallen (Gläser & Laudel, 2010, S. 39 f.).

2.1.1   Experteninterviews

Im Kontext der Experteninterviews beschreibt der Begriff des Experten „die spezifische Rolle des Interviewpartners als Quelle von [bislang unbekanntem] Spezialwissen über die zu erforschenden [...] Sachverhalte. Experteninterviews sind eine Methode, dieses Wissen zu erschließen" (Gläser & Laudel, 2010, S. 12). Dabei gibt es drei Standardisierungsgrade, die zur Klassifizierung der Interviews benutzt werden können. Die ersten beiden werden in der Praxis bei Experteninterviews kaum genutzt (Gläser & Laudel, 2010, S. 43), werden hier jedoch der Vollständigkeit halber mit aufgelistet:

■   „(voll)standardisierte Interviews, bei denen sowohl die Fragen des Interviewers als auch die Antwortmöglichkeiten für jedes Interview exakt gleich sind. [...]

■   halbstandardisierte Interviews, bei denen die Handlungen des Interviewers in der oben beschriebenen Weise durch den Fragebogen standardisiert werden, dem Interviewpartner aber freigestellt wird, wie er die Fragen beantwortet.

■   nichtstandardisierte Interviews, bei denen weder die Fragen des Interviewers noch die Antwortmöglichkeiten standardisiert werden" (Gläser & Laudel, 2010, S. 41).

Nichtstandardisierte Interviews wiederum lassen sich in drei Arten unterteilen:

■   Narrative Interviews, in denen komplexe Fragen durch Erzählungen des Interviewpartners beantwortet werden sollen.

■   Offene Interviews, in denen vorgegebene Themen durch offene Fragen und ohne spezifische Frageliste abgearbeitet werden.

■   Leitfadeninterviews, in denen vorgegebene Themen und Fragelisten abgearbeitet werden (Gläser & Laudel, 2010, S. 42).

Bei Leitfadeninterviews dient der Leitfaden als Strukturierungshilfe und soll die Aufmerksamkeit der Befragten auf die für das Untersuchungsziel relevanten Themen lenken (Winkelhage, et al., 2007; Helfferich, 2005).

2.1.2   Identifikation und Anzahl der Interviewpartner

„Der Inhalt eines Interviews wird neben dem eigenen Erkenntnisinteresse vor allem durch den Interviewpartner bestimmt. Die Auswahl von Interviewpartnern entscheidet über die Art und die Qualität der Informationen, die man erhält" (Gläser & Laudel, 2010, S. 117). Außerdem sollen die verschiedenen Gruppen für eine gute Analyse zum einen genug Unterschiede aufweisen, um einen Vergleich zuzulassen, zum anderen sollten die Beobachtungen innerhalb einer Gruppe möglichst ähnlich sein (Gläser & Laudel, 2010, S. 98).

Um ein möglichst umfassendes Bild aus verschiedenen Perspektiven zu generieren, wurden im Rahmen der vorliegenden Studie folgende beteiligte Interessengruppen ausgewählt: Anwender, Finanziers, Überwacher und Hersteller. Für jede Interessengruppe wurden potentielle Interviewpartner identifiziert. Dies geschah durch eine gezielte Kontaktaufnahme mit den Dachverbänden, Firmen beziehungsweise Institutionen. Neben den Internetauftritten der Dachverbände wurden auch die Internetauftritte bekannter Interessengruppen nach geeigneten Ansprechpartnern durchsucht. Des Weiteren wurde, ausgehend von bereits identifizierten Experten und dem Umfeld des Forschers, sog. ‚Snowball Sampling' angewandt, um weitere Experten zu identifizieren. Potentielle Interviewpartner wurden zuerst per E-Mail kontaktiert und über den Hintergrund der Studie informiert, um eine informierte Einwilligung zu ermöglichen. Wenn ein Erstkontakt per E-Mail nicht möglich war, wurden die für die informierte Einwilligung benötigten Informationen nachgereicht.

Interviewpartner wurden eingeschlossen, wenn sie von der jeweiligen Institution als Experte in dem Gebiet ausgewiesen wurden oder aufgrund ihrer Position eindeutig als solche identifiziert werden konnten. Die Interviewpartner haben unentgeltlich und freiwillig teilgenommen.

„Die Zahl der erforderlichen Interviews ergibt sich aus der Verteilung von Informationen unter den Akteuren und aus Erfordernissen der empirischen Absicherung" (Gläser & Laudel, 2010, S. 104). Haben z. B. bestimmte Akteure spezielle Informationen exklusiv, erhöht sich die Anzahl der notwendigen Interviews. Verfügen bestimmte Schlüsselfiguren über alle relevanten Informationen, reichen weniger Interviews aus. Der Grad der geforderten empirischen Absicherung unterliegt dem Ermessen des jeweiligen Forschers. Auch wenn generell zu sagen ist, dass mehr Quellen dazu führen, dass die Ergebnisse stärker empirisch abgesichert sind, heißt dies nicht, dass sie ‚richtiger' sind (Gläser & Laudel, 2010, S. 104 f.). Die unterschiedlichen Interessengruppen und die genaue Anzahl der Interviewpartner sind in Kapitel 3.2. im Unterpunkt „Interessengruppen" (S. 58) beschrieben.

2.1.3 Entwicklung der Interviewfragen für die Leitfadeninterviews

Leitfadeninterviews empfehlen sich, wenn „in einem Interview mehrere unterschiedliche Themen behandelt werden müssen [...] und wenn im Interview auch einzelne, genau bestimmbare Informationen erhoben werden müssen" (Gläser & Laudel, 2010, S. 111).

Der Leitfaden wurde so entwickelt, dass er den von Helfferich (2005, S. 160 ff.) beschriebenen Anforderungen entspricht. Die Entwicklung folgte ihrem in Kapitel 2.1.3. beschriebenen SPSS Prinzip für die Leitfadenerstellung (S. 6) sowie den Empfehlungen von Gläser und Laudel (2010, S. 144 ff.).

Helfferich (2005, S. 160) formuliert folgende Anforderungen, die ein Leitfaden erfüllen muss:

- Er muss den Grundprinzipien der qualitativen Forschung gerecht werden und Offenheit ermöglichen.

- Er darf nicht mit zu vielen Fragen überladen sein. Zu viele Fragen verhindern eine offene Erzählung.

- Er soll übersichtlich und gut zu handhaben sein.

- Er soll am Anfang des Interviews möglichst keine abrupten thematischen Sprünge enthalten und aus Fragen bestehen, die längere Antworten generieren.

- Fragen sollten nicht abgelesen werden.

- Informationen, die über den Umfang des Leitfadens hinausgehen, sollten auch zugelassen werden.

Um die Offenheit und den Gesprächscharakter in einem Interview beizubehalten, ist es auch möglich, Fragen nicht auszuformulieren, sondern nur Stichworte zu geben, die im Gespräch vorkommen sollten und vom Interviewer gegebenenfalls spontan in eine der Situation entsprechende Frage umformuliert werden können. Wenn am Ende des Interviews nicht sicher alle relevanten Themen besprochen wurden, kann der Interviewpartner gefragt werden, ob ein bestimmtes ggf. fehlendes Thema ausreichend behandelt wurde und wenn nicht, ob er sich dazu noch äußern könnte. Die Maxime bei Leitfadeninterviews ist: so flexibel wie möglich, so strukturiert wie notwendig (Helfferich, 2005, S. 160 f.).

Da von einem straffen Zeitplan der Interviewpartner auszugehen ist (Gläser & Laudel, 2010, S. 164), wurde großen Wert auf einen kurzen Leitfaden gelegt, der innerhalb von einer halben Stunde abgearbeitet werden kann.

Das SPSS Prinzip für die Leitfadenerstellung

Im Folgenden wird das SPSS Prinzip dargestellt, wie in Helfferich (2005, S. 162 ff.) beschrieben. Das SPSS Prinzip bietet eine strukturierte Möglichkeit, den Leitfaden zu entwickeln und hilft, das eigene theoretische Vorwissen und die impliziten Erwartungen zu beschreiben. Die Abkürzung SPSS steht für „Sammeln", „Prüfen", „Sortieren" und „Subsumieren".

Im *ersten Schritt* werden die Fragen gesammelt. Einem Brainstorm entsprechend werden möglichst viele Fragen generiert. Alle Fragen werden gesammelt, ohne kritisch hinterfragt zu werden. Als Leitfragen können hierfür „Was möchte ich eigentlich wissen?" oder „Was interessiert mich?" dienen.

In einem *zweiten Schritt* werden die Fragen nach folgenden Schritten geprüft, strukturiert und die Anzahl der Fragen reduziert:

1) werden nach Möglichkeit eliminiert. Relevante Faktenfragen werden so umformuliert, dass sie quasi von alleine während des Interviews beantwortet werden können. Andere wiederum werden verworfen oder in einem separaten Fragebogen geschrieben (z. B. Alter, Geschlecht, beruflicher Hintergrund etc.).

2) Fragen werden so umformuliert, dass sie offene Erzählung ermöglichen und dem Hintergrund des Interviewpartners gerecht werden.

3) Implizite Erwartungen werden explizit formuliert. In diesem Schritt wird kritisch überprüft, ob vorhandene Erwartungen oder Vorwissen durch die Person bestätigt werden sollen. Falls dies der Fall ist, wird überprüft, warum dies geschehen soll. Fragen sollen so umformuliert werden, dass das Hauptaugenmerk darauf liegt, was noch nicht bekannt ist.

4) Nun wird überprüft, dass der Interviewpartner auch mit völlig überraschenden, neuen Informationen antworten kann. Werden nur die Vorannahmen bestätigt, müssen die Fragen so umformuliert werden, dass sie auch neue Ergebnisse zulassen.

5) Handelt es sich um eine Forschungsfrage, die ein Interviewpartner aus seiner subjektiven Sicht beantworten kann? Ist die Frage zu theoriegeladen? Wenn die Frage z. B. aufgrund des hohen Abstraktionsgrades vom Interviewpartner so nicht beantwortet werden kann, kann diese Frage für die Auswertung beibehalten werden, jedoch nicht im Interview gestellt werden.

Ziel des Interviews ist damit nicht primär, Faktenfragen zu klären, sondern dem Interviewpartner zu erlauben, einen Text zu kreieren, der möglichst intensiv ausgewertet werden kann.

In einem *dritten Schritt* werden die Fragen nach inhaltlichen Kriterien sortiert. Im Allgemeinen sollten in diesem Schritt ein bis vier Themenblöcke entstehen. Fragen, die nicht eingeordnet werden können, werden gesondert behandelt.

In einem *vierten Schritt* werden die Fragen subsumiert. Hierbei wird für jeden der im vorherigen Schritt identifizierten Themenblöcke eine möglichst einfache Erzählaufforderung gefunden. Ziel sollte es sein, eine Formulierung zu finden,

auf Basis derer der Interviewpartner zu den jeweiligen Themenblöcken möglichst viele Fragen ohne spezifische Nachfragen beantworten kann.

Nachdem diese Schritte abgearbeitet wurden, kann der eigentliche Leitfaden
geschrieben werden. Nach Helfferich (2005, S. 162 ff.) sollte der Leitfaden in
vier Spalten unterteilt werden. In der ersten der vier Spalten steht die generelle
Erzählaufforderung zu jedem Themenblock. In der zweiten stehen stichpunktar-
tig die Unterthemen, die behandelt werden sollen. Sie ergeben sich aus den Fragen, die den Themengebieten im dritten Schritt zugeordnet wurden. Sie dienen
quasi als Checkliste und werden nur angesprochen, wenn der Interviewpartner
diese nicht von sich aus anspricht oder das Gespräch ins Stocken gerät. In der
dritten Spalte stehen Fragen, die wörtlich allen Interviewpartnern identisch gestellt werden sollen. Die vierte Spalte enthält Fragen, die den Gesprächsfluss
aufrechterhalten und steuern.[1] Am Ende des Leitfadens finden sich die Fragen,
die keinem Themenfeld zugeordnet werden können.

In der Praxis hat es sich bewährt, pro Themenblock ein Blatt im Querformat mit
großer Schrift und Platz für Notizen zu verwenden (Helfferich, 2005, S. 162 ff.).

Zusätzlich zu den von Helfferich (2005, S. 162 ff.) beschrieben Schritten empfehlen Gläser und Laudel (2010, S. 144 ff.) das Gespräch mit einer Einführung in
die Forschungsfrage zu beginnen. Darauf folgt ein Umriss des Hintergrundwis-
sens des Forschers, sowie einer Erklärung zum Schutz der persönlichen Daten,
Sicherung der Anonymität und dem Einverständnis mit der Aufzeichnung des
Interviews zu beginnen. Generelle Bewertungen werden zuerst vorgenommen,
bevor Detailfragen gestellt werden, um eine möglichst unvoreingenommene
Bewertung zu ermöglichen, die nicht durch kognitive Kontexte beeinflusst ist,
die im Laufe des Interviews geschaffen werden (Gläser & Laudel, 2010, S. 148).
Fragen werden so angeordnet, dass sie inhaltlich zusammengehörige Themen
nacheinander behandeln (Gläser & Laudel, 2010, S. 146). Zum Schluss sollte
eine Abschlussfrage verwendet werden, die offen nach weiteren wichtigen Punk-
ten fragt (Gläser & Laudel, 2010, S. 149).

Der Leitfaden für diese Studie wurde auf Basis der oben beschriebenen Verfahren entwickelt. Großen Wert wurde auf die Einhaltung der von Helfferich (2005,
S. 160) formulierten Anforderungen gelegt. Vor der Durchführung der Interviews wurden die Leitfäden, wie z. B. von Laudel (2010, S. 150) gefordert, an
zwei unabhängigen Experten getestet. Hierbei wurde die Verständlichkeit der
Fragen getestet sowie, ob die Themen durch die Fragen erschöpfend behandelt

---

[1] Fragen wie „Können Sie dazu noch etwas mehr erzählen? Und wann? Wie ging das weiter? Wie
war das so mit …?" (Helfferich, 2005, S. 166) oder auch nonverbale Aufrechterhaltung wie Ni-
cken.

werden konnten und ob der angestrebte Zeitumfang von 30 Minuten eingehalten werden kann. Zusätzlich wurden die Leitfäden vor jedem Interview an den spezifischen Ansprechpartner angepasst (Gläser & Laudel, 2010, S. 150 ff.). Zum Abschluss wurde der Leitfaden noch einmal durch die von Gläser und Laudel (2010, S. 149) beschriebenen Kontrollfragen überprüft, um eine befriedigende Qualität des Leitfadens sicherzustellen. Im Folgenden werden wichtige Prinzipien aufgeführt, die für gute empirische Forschung notwendig sind.

Prinzipien bei Experteninterviews

Gläser und Laudel (2010) beschreiben vier Prinzipien, die bei der Planung und Durchführung von Experteninterviews beachtet werden müssen: Das erste ist das *Prinzip der Offenheit*. Es fordert, dass der Forschungsprozess für unerwartete Informationen jederzeit offen sein muss. Das zweite Prinzip, das *Prinzip des Theoriegeleiteten Vorgehens,* verlangt, dass jede Forschungsfrage an vorhandenes theoretisches Wissen oder auch bereits gewonnene Erfahrungen anknüpfen muss. Das dritte Prinzip ist das *Prinzip des Regelgeleiteten Vorgehens.* Es dient der Nachvollziehbarkeit der Ergebnisse und fordert, dass explizite und intersubjektiv kommunizierbare Regeln bei der Wissensproduktion befolgt werden müssen. Es handelt sich hierbei um eine „möglichst exakte Beschreibung dessen, was getan wurde" (Gläser & Laudel, 2010, S. 32). Das letzte Prinzip ist das *Prinzip vom Verstehen als ‚Basishaltung'.* Nach diesem Prinzip ist es Ziel der Forschung, Interpretationen und Deutungen verschiedener Situationen zu verstehen sowie die Gründe, warum die Untersuchten genau so handeln wie sie handeln.

Außerdem ist das Prinzip der sogenannten *Triangulation* von Bedeutung. Als Triangulation bezeichnet man die „Kombination unterschiedlicher Methoden in der empirischen Untersuchung" (Gläser & Laudel, 2010, S. 105). Durch sie werden Schwächen einer Methode durch die Stärken anderer Methoden ausgeglichen und die empirische Absicherung erhöht (Gläser & Laudel, 2010, S. 105; Kuper, Reeves & Levinson, 2008). Während der Interviews wurden die Regeln zur Interviewführung von Gläser und Laudel (2010, S. 172 ff.) befolgt.

2.1.4 Transkription

Zur Transkription werden hauptsächlich die von Gläser und Laudel (2010, S. 194) vorgeschlagenen Transkriptionsregeln angewandt:

▪ Es wird in Standardorthographie transkribiert (z. B. ‚magst du' statt ‚magste').

▪ Nonverbale Äußerungen wie Lachen oder Räuspern werden nur dann transkribiert, wenn sie die Bedeutung der Aussage verändern.

▓ Bei Antworten mit ‚Ja' oder ‚Nein' werden eventuelle Besonderheiten in eckigen Klammern vermerkt (z. B. [lachend] oder [zögernd]).

▓ Unterbrechungen im Gespräch werden in eckigen Klammer vermerkt.

▓ Unverständliche Abschnitte werden durch eckige Klammern gekennzeichnet z. B. [unverständlich].

▓ Inhaltlich zusammengehörige Aussagen sowie die Fragen des Interviewers werden jeweils als ein Absatz geschrieben.

Erweitert werden diese Regeln durch die faktische Anonymisierung: Name sowie Position der Person und auf Wunsch die Institution werden schon beim Transkribieren pseudonymisiert und durch [Name], [Position] oder [Institution] ersetzt.

Als letzter Schritt werden die Transkripte wenn möglich noch einmal von der im Interview anwesenden Person kontrolliert, um Missverständnisse auszuschließen. Außerdem findet eine Reflexion über die Art und Weise statt, wie das Interview geführt wurde, wie von Gläser und Laudel (2010, S. 194 f.) vorgeschlagen.

2.1.5 Auswertungsmethodik

Zur Unterteilung der verschiedenen Auswertungsmethoden wird die Klassifizierung von Gläser und Laudel (2010) benutzt. Sie unterteilen die verschiedenen Auswertungsmethoden in vier verschiedene Gruppen:

Als Erstes nennen sie die *freie Interpretation*. Hier interpretiert der Forscher die zugrunde liegenden Texte und Transkriptionen ohne explizierte Verfahrensregeln. Auch wenn diese Methode weit verbreitet ist, hat sie den Nachteil, dass nicht nachvollziehbar ist, wie genau der Forscher zu den jeweiligen Ergebnissen gekommen ist. Das minimiert den wissenschaftlichen Mehrwert der dabei gewonnenen Ergebnisse.

Als Zweites werden ‚*sequenzialistische' Methoden* genannt. Hier werden thematische und zeitliche Verknüpfungen der Aussagen in dem Text analysiert.

Die dritte Methode ist das *Kodieren*. Aus der sogenannten ‚Grounded Theory' hervorgehend, werden bei dieser verbreiteten Methode relevante Textstellen mit einem Stichwort oder einer Ziffernfolge kodiert. Die Kodierungen können sowohl aus theoretischen Vorüberlegungen als auch während des Lesens der Texte entwickelt werden. Hiermit können interviewübergreifende Themenblöcke identifiziert und verglichen werden.

Die letzte Methode ist die *qualitative Inhaltsanalyse*. Die „qualitative Inhaltsanalyse will Texte systematisch analysieren, indem sie das Material schrittweise mit theoriegeleiteten am Material entwickelten Kategorien bearbeitet" (Mayring, 2002, S. 114). Hier wird also der Text durch vorher festgelegte Kategorien diesen zugeordnet und die einzelnen Textstücke von da an relativ unabhängig vom Originaltext weiter analysiert (Gläser & Laudel, 2010, S. 46 f.). In neueren Publikationen werden auch induktive Kategorisierungsansätze vorgestellt. Bei diesen Ansätzen dient der Text als Ausgangspunkt zur Bildung von Kategorien. Als Abgrenzung zum oben beschriebenen Kodieren, müssen in der qualitativen Inhaltsanalyse Kategoriedefinitionen explizit kommuniziert werden. In der Fachsprache der qualitativen Inhaltsanalyse wird das Vorgehen nach diesen expliziten Regeln ,regelgeleitet' genannt. Es dient der Sicherstellung der Nachvollziehbarkeit (Mayring, 2008, S. 10ff.; Mayring, 2010).

In dieser Arbeit wird die inhaltliche Strukturierung nach Mayring (2010, S. 63 ff.) zur Auswertung und die Software MAXQDA 11 (VERBI GmbH, Berlin) zur Unterstützung der Analyse verwendet.

Mayring (2010, S. 65) unterscheidet drei unterschiedliche Grundformen des Interpretierens: Die Zusammenfassung, die Explikation und die Strukturierung. Es handelt sich um voneinander unabhängige Ansätze und nicht um verschiedene Schritte, die nacheinander durchlaufen werden sollen.

Die Strukturierung als Grundform des Interpretierens zeichnet sich dadurch aus, dass sie zum Ziel hat, „bestimmte Aspekte aus dem Material herauszufiltern, unter vorher festgelegten Ordnungskriterien einen Querschnitt durch das Material zu legen oder Material aufgrund bestimmter Kriterien einzuschätzen" (Mayring, 2010, S. 65).

Die Spezialform der inhaltlichen Strukturierung „will Material zu bestimmten Themen, zu bestimmten Inhaltsbereichen extrahieren und zusammenfassen" (Mayring, 2010, S. 94).

Vorbereitung der Auswertung

Nach Mayring (2010, S. 53) muss vor der Analyse beschrieben werden, welche Quellen als Grundlage für die Analyse verwendet werden, wie das Material entstanden ist und welche formalen Charakteristika erfüllt werden müssen, also wie das Material vorliegt bzw. erhoben wurde.

Dafür muss zuerst beschrieben werden, über welche Grundgesamtheit Aussagen gemacht werden sollen, der Stichprobenumfang muss nach Repräsentativitätsüberlegungen und ökonomischen Erwägungen festgelegt werden und das Modell der Stichprobenauswahl beschrieben werden. In der Analyse der Entstehungssituation muss beschrieben werden „von wem und unter welchen Bedingungen das Material produziert wurde" (Mayring, 2010, S. 53). Zu den formalen Charakteristika gehört, in welcher Form das Material vorliegt (z. B. nach Aufnahme und Transkription niedergeschriebener Text).

Inhaltliche Strukturierung

Mayring (2010, S. 63 ff.) beschreibt folgende zehn Schritte für die inhaltliche Strukturierung in unterschiedlichen Detailgraden.

Schritt 1: Bestimmung der Analyseeinheit. In diesem Schritt werden *Kodiereinheit*, *Kontexteinheit* und *Auswertungseinheit* festgelegt. Die *Kodiereinheit* legt fest, was die kleinste Einheit ist, die für die Analyse benutzt werden kann, also z. B. Absätze, Sätze oder Satzteile. Die *Kontexteinheit* legt den größten Textbestandteil fest und die *Auswertungseinheit* definiert, in welcher Reihenfolge Textteile ausgewertet werden (Mayring, 2010, S. 59).

Schritt 2: Theoriegeleitete Festlegung der inhaltlichen Hauptkategorien. Hierbei werden alle Textbestandteile, auf die bestimmte Kategorien zutreffen, systematisch aus dem Text extrahiert. Dabei gilt es die Strukturierungsdimensionen theoriegeleitet genau zu bestimmen (Mayring, 2010, S. 92).

Schritt 3: Bestimmung der Ausprägungen (theoriegeleitet) - Zusammenstellung des Kategoriesystems (optional). In diesem optionalen Schritt können weitere Unterkategorien definiert werden (Mayring, 2010, S. 98).

Schritt 4: Formulierung von Definitionen, Ankerbeispielen und Kodierregeln zu den einzelnen Kategorien. Es muss genau festgelegt werden, wann ein bestimmter Textabschnitt unter eine bestimmte Kategorie fällt. Ankerbeispiele sollen die Kategorisierung erleichtern und wenn möglich Abgrenzungsregeln definiert werden. Dies dient der eindeutigen Zuordnung. Anschließend werden die Kriterien in einem Probedurchgang getestet (Mayring, 2010, S. 92).[2]

Schritt 5: Materialdurchlauf: Fundstellenbezeichnung

Schritt 6: Materialdurchlauf: Bearbeitung und Extraktion der Fundstellen

Schritt 7: Überarbeitung, gegebenenfalls Revision von Kategoriensystemen und -definitionen

Schritt 8: Paraphrasierung des extrahierten Materials: In diesem Schritt werden zuerst alle nicht oder wenig inhaltstragenden Bestandteile gestrichen. Hierzu gehören Wiederholungen, Verdeutlichungen und ausschmückende Wendungen. Danach werden die inhaltstragenden Textstellen sprachlich vereinheitlicht und in eine grammatikalisch korrekte Kurzform transformiert (Mayring, 2010, S. 70).

---

[2] Abweichend von dem von Mayring (2010, S. 92 ff.) beschriebenen System wird nicht händisch, sondern computergestützt codiert (vgl. Mayring (2010, S. 110 ff.)).

Danach werden die Aussagen auf ein möglichst allgemeines, aber für den Interviewpartner spezifisches Abstraktionsniveau umformuliert. Hierbei werden die Paraphrasen so umformuliert, dass die Themen implizit beibehalten werden, aber auf dem neuen vordefinierten Abstraktionsniveau formuliert sind. Außerdem werden Satzaussagen (Prädikate) auf gleiche Art und Weise generalisiert (Mayring, 2010, S. 70). Im dritten Schritt, der sogenannten ersten Reduktion, werden bedeutungsgleiche oder nicht inhaltstragende Phrasen innerhalb der Auswertungseinheiten gestrichen und weiterhin inhaltstragende Paraphrasen übernommen (Mayring, 2010, S. 70). Im letzten Schritt, der zweiten Reduktion, werden Paraphrasen mit gleichem oder ähnlichem Inhalt zu einer Paraphrase gebündelt. Nun werden wenn möglich unterschiedliche Paraphrasen auf Basis ihrer gleichen oder ähnlichen thematischen Ausrichtung zusammengefasst (Mayring, 2010, S. 70).

Schritt 9: Zusammenfassung pro Kategorie

Schritt 10: Zusammenfassung pro Hauptkategorie

Zur Verdeutlichung ist das Vorgehen in Abbildung 1 dargestellt.

Analyse mit Unterstützung von MAXQDA

In der Analyse werden die zuvor entwickelten deduktiven Kategorien benutzt, um einen differenzierten Überblick zu erlangen. Es handelt sich hierbei zum einen um Kategorien, die zur thematischen Gliederung dienen (vgl. Tabelle 9), und um bewertende Kriterien (vgl. Tabelle 10). Damit auch alle Codes in der Analyse mit MAXQDA erfasst werden, wird vor der Analyse ein Kontrollschritt durchgeführt, um sicherzustellen, dass sich immer eine Gliederungskategorie mit mindestens einem Bewertungskriterium überschneidet. Hierfür wird das Retrieval Tool für Codings ‚nur dieser Code allein' verwendet.

Die Aussagen werden nach Stakeholdergruppe (vgl. Tabelle 1), Gliederungskategorien und Bewertungskriterien differenziert und so weit wie möglich zusammengefasst. Hierzu wird der Code-Relations-Browser von MAXQDA für die Gliederungs- und Bewertungs-Codes verwendet. Hierbei werden nur Überschneidungen angezeigt. Für die Einheit der Analyse wird die Einstellung ‚Segmente' benutzt. Hierdurch wird eine Übersicht über die Anzahl der Überschneidungen erzeugt. Diese wird auch differenziert nach Interessengruppen erstellt. Anschließend werden die Überschneidungen angezeigt und nach der inhaltlichen Strukturierung nach Mayring (2010, S. 63 ff.) zusammengefasst. Bei weniger als sechs Themen wird direkt aus dem Text zusammengefasst. Bei mehr Themen wird eine separate Excel-Tabelle angelegt.

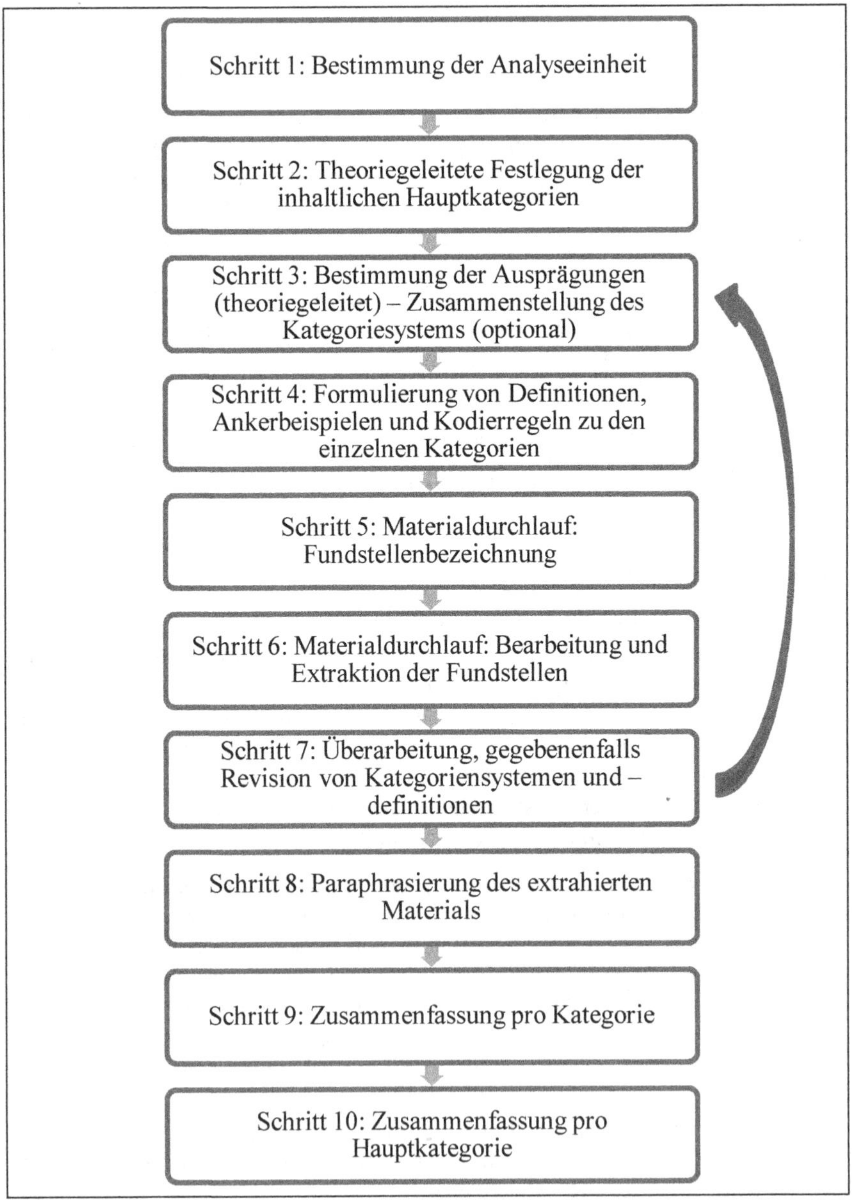

Schritt 1: Bestimmung der Analyseeinheit

Schritt 2: Theoriegeleitete Festlegung der inhaltlichen Hauptkategorien

Schritt 3: Bestimmung der Ausprägungen (theoriegeleitet) – Zusammenstellung des Kategoriesystems (optional)

Schritt 4: Formulierung von Definitionen, Ankerbeispielen und Kodierregeln zu den einzelnen Kategorien

Schritt 5: Materialdurchlauf: Fundstellenbezeichnung

Schritt 6: Materialdurchlauf: Bearbeitung und Extraktion der Fundstellen

Schritt 7: Überarbeitung, gegebenenfalls Revision von Kategoriensystemen und – definitionen

Schritt 8: Paraphrasierung des extrahierten Materials

Schritt 9: Zusammenfassung pro Kategorie

Schritt 10: Zusammenfassung pro Hauptkategorie

Abbildung 1: Ablaufmodell inhaltlicher Strukturierung nach Mayring (2010, S.98 f.)

2.1.6 Ethische und juristische Aspekte

Auch bei Experteninterviews ist auf ethische Grundätze einzugehen. Insbesondere muss beachtet werden, dass die Interviewpartner durch das Interview oder dessen Veröffentlichung nicht zu Schaden kommen dürfen. Dies könnte z. B. dadurch geschehen, dass der Interviewpartner über eine potentielle Straftat berichtet und sich dadurch selbst belastet. Aber auch negative Emotionen wie Angst und Stress, Sammeln von Daten über peinliches oder unmoralisches Verhalten oder die Verschlechterung der Beziehungen zu Interaktionspartnern sowie Schaden an der Reputation z. B. im Berufsleben, sind zu vermeiden (Gläser & Laudel, 2010, S. 51 ff.; Helfferich, 2005, S. 169 ff.).

Des Weiteren soll sichergestellt werden, dass die Persönlichkeitsrechte der Interviewpartner gewahrt bleiben, insbesondere indem sie ausreichend informiert entscheiden können, ob sie teilnehmen wollen oder nicht (sogenannter ‚informed consent' / ‚informierte Einwilligung') (DGS & BDS, 2014). Diese Entscheidung soll schriftlich vorliegen und sich spezifisch auf das relevante Forschungsprojekt beziehen. Transkripte müssen anonymisiert werden, der Weiterverarbeitung in anonymisierter Form muss zugestimmt werden. Tonträger und Adresslisten müssen mit Abschluss der Forschungsarbeit gelöscht werden (Gläser & Laudel, 2010, S. 51 ff.; Helfferich, 2005, S. 169 ff.). Um die faktische Anonymität der Interviewpartner sicherzustellen, werden die Namen der Interviewpartner durch alphanumerische Pseudonyme ersetzt. Personenbezogene Angaben, wie z. B. Alter, Geschlecht, beruflicher Hintergrund etc. wurden entgegen dem Vorschlag in Helferrichs (2005, S. 162 ff.) SPSS Prinzip nicht erhoben.

2.2 Deskription der derzeitigen Verfahren

Zur Deskription der derzeitigen Verfahren wird eine sogenannte Dokumentenanalyse durchgeführt. Der Begriff der Dokumentenanalyse bezieht sich neben der Analyse von Schriftstücken z. B. auch auf die Analyse von Tonbändern oder anderen informationstragenden Objekten. Zu erfüllendes Kernkriterium ist die Interpretierbarkeit der jeweiligen Quelle. Damit unterliegt die Auswahl auch der subjektiven Bewertung durch den Forscher. Ein großer Vorteil der Dokumentenanalyse ist, dass auf bereits vorhandene Daten zurückgegriffen werden kann (Mayring, 2002, S. 46 ff.).

Als Einstieg werden Experteninterviews zur Identifikation der relevanten Literatur durchgeführt. Hierzu wurden Experten mit speziellen Kenntnissen aus den

Bereichen des Inverkehrbringens von Arzneimitteln und Medizinprodukten befragt.[3]

Neben der Analyse der Gesetzestexte werden zusätzlich die jeweiligen Kommentare von Deutsch und Lippert (2011) und von Deutsch und Kollegen (2010) betrachtet. Weitere relevante Literatur wird auf Grundlage der Querverweise in den Kommentaren identifiziert. Wenn keine Kommentare zu den Gesetzestexten vorhanden sind oder nicht ausreichend Informationen zu dem jeweiligen Sachverhalt liefern, wird im Online Public Access Catalogue (OPAC) der LMU relevante Fachliteratur identifiziert. Sollten dann immer noch Fragen offen stehen oder weitere Erläuterungen sowie Beispiele notwendig sein, wird auf verfügbare Suchalgorithmen für das Internet zurückgegriffen (z. B. Google). Dieses Verfahren wird z. B. genutzt, um die Internetseiten beteiligter Institutionen und Interessenverbände zu identifizieren und ihr Selbstverständnis oder branchenspezifische Informationen aus den dort bereitgestellten Informationen zu exzerpieren.

Darauf aufbauend wird der Prozess der Zulassung, beziehungsweise des Inverkehrbringens, beschrieben und geeignete Vergleichsparameter entwickelt. Hierzu werden die einzelnen Prozessschritte der beiden Verfahren, wie in Mayring (2010, S. 70) unter dem Punkt Reduktion beschrieben, so weit abstrahiert, bis übereinstimmende Kategorien gefunden werden. Diese Kategorien werden anschließend sowohl zur Unterteilung der Kapitel 2.2. „Deskription der derzeitigen Verfahren" und 3.1.3. „Zusammenfassung und Vergleich" als auch zur Erstellung des Interview-Leitfadens, der Auswertung der Experteninterviews und der Strukturierung der relevanten Fachliteratur verwendet.

Es wurden nur Texte behandelt, die bis zum 31.05.2014 veröffentlicht wurden, beziehungsweise Gesetze, welche bis zu diesem Datum in Kraft getreten sind.

2.3   Experteninterviews und Schwachstellenanalyse

Mithilfe der Experteninterviews soll eine gesamtgesellschaftliche Sicht sowohl auf die Arzneimittelzulassung als auch auf den Prozess des Inverkehrbringens von Medizinprodukten ermöglicht werden. Dazu wurden Interviewpartner aus folgenden Interessengruppen ausgewählt:

---

[3] Dr. Nicholas Schramek, Apotheker und Diplomchemiker, Sachgebietsleiter am Bayerischen Landesamt für Gesundheit und Lebensmittelsicherheit und Dr. Ing. Anton Obermayer, öffentlich bestellter und vereidigter Sachverständiger für Geräte der Elektromedizin, Geschäftsführer der Firma IMM Medizintechnik, Mitglied der Ethikkommission der Bayerischen Landesärztekammer

Tabelle 1: Übersicht über die Stakeholder

Interessengruppe	Vertreter der Interessengruppe
Anwender	Ethikkommission
	Fachanwalt
Finanziers	GKV-SV
	PKV
Überwacher	Arzneimittel: z. B. BfArM
	Benannte Stelle
Hersteller	Dachverbände der Hersteller
	Hersteller
	bzw. einschlägige Experten

Zu jedem dieser Bereiche wurden Experten, wie in Kapitel 2.1.2. „Identifikation und Anzahl der Interviewpartner" (S. 4) beschrieben, identifiziert und ein bis zwei Repräsentanten befragt (sog. Stakeholder). Somit sind die wichtigsten Interessengruppen vertreten. Eine größere Anzahl an Repräsentanten pro Stakeholdergruppe ist teilweise nicht möglich, da zu diesen hoch brisanten und spezialisierten Themengebieten die Anzahl der möglichen Interviewpartner beschränkt ist.

Alle Interviews werden nach Übermittlung von Informationen über den Forschungsumfang und erfolgter schriftlicher Einwilligungserklärung von dem Verfasser der vorliegenden Arbeit persönlich durchgeführt. Basierend auf den Überlegungen von Gläser und Laudel (2010, S. 153 f.) werden die Interviews vorzugsweise als persönliches Gespräch (face-to-face) geführt. Nur wenn dies nicht möglich ist, werden sie telefonisch durchgeführt. Bis auf eine Ausnahme durften alle Interviews aufgezeichnet werden. Wegen der bekannten Einschränkungen eines Gedächtnisprotokolls (Gläser & Laudel, 2010, S. 157 f.) wurde dieses Interview später aus der Analyse ausgeschlossen und durch ein Interview mit einem Interessenvertreter der gleichen Interessengruppe ersetzt.

Die Transkription wurde von insgesamt drei Wissenschaftlern durchgeführt, die sich alle zur Wahrung des Datengeheimnisses nach § 5 des Bundesdatenschutzgesetzes vom 20.12.1990 verpflichteten. Alle Transkripte wurden vom interviewführenden Forscher überprüft und dem Interviewpartner zur Kontrolle zugeschickt, wenn er sich dazu bereiterklärte.

Schritte der inhaltlichen Strukturierung:

Einzelne Worte werden als kleinste Analyseeinheit (Kodiereinheit) und Sinnzusammenhänge, die sich auch über mehrere Absätze erstrecken können, als größte Analyseeinheit (Kontexteinheit) festgelegt. Es werden zuerst die groben inhaltlich strukturierenden Kategorien (Gliederungskategorien) und danach die Bewertungen (Bewertungskriterien) codiert. Siehe hierzu auch Tabelle 2:

Tabelle 2: Analyseeinheiten nach Mayring (2010, S. 59)

Analyseeinheit	Definition
Kodiereinheit (min)	Einzelne Worte
Kontexteinheit (max)	Sinnzusammenhänge, auch über mehrere Absätze
Auswertungseinheit	1) Grobe inhaltlich strukturierende Kategorien 2) Bewertungen

Die Strukturierungsdimensionen werden zum einen theoriegeleitet hergeleitet (Gliederungskategorien), basierend auf der Dokumentenanalyse wie im Kapitel 2.2. beschrieben, zum anderen aus der Forschungsfrage abgeleitet (Bewertungskriterien). Beide Kategorien sind im Kapitel 3.2. im Unterpunkt „Coding-Kategorien" (S. 60) aufgelistet. Wie dort auch zu sehen ist, werden die Gliederungskategorien noch einmal in Arzneimittel und Medizinprodukte unterteilt, um die Analyse zu erleichtern. Nach einem Probedurchlauf werden zu den jeweiligen Kategorien noch Unterpunkte hinzugefügt, da ansonsten Informationen, die für die Entwicklung von Verbesserungsvorschlägen essentiell sind, in der Analyse verloren gegangen wären.

Auf dieser Basis werden die Texte von zwei Kodierern, von denen einer der interviewführende Forscher war, unabhängig voneinander kategorisiert. Danach werden im Gespräch die Stellen besprochen, die von beiden Kodierern unterschiedlich kategorisiert wurden und ggf. nach einer Einigung auf eine gemeinsame Kategorisierung geändert.

Anschließend werden die Textstellen paraphrasiert. Besonders aussagekräftige oder prägnante Formulierungen werden als wörtliche Zitate beibehalten. Wenn pro Kategorie fünf oder weniger Zitate gefunden werden, wird der neunte und zehnte Schritt (die Zusammenfassung pro Kategorie und Hauptkategorie) entsprechend Abbildung 1 nicht durchgeführt. Ansonsten werden die Texte weiter zusammengefasst.

2.4   Literaturvergleich

Um die Ergebnisse zu verifizieren, wurde am 13.10.2014 ein systematischer Literatur Review durchgeführt. Hierzu wurden folgende Datenbanken durchsucht:

Medline, PsycINFO, The Cochrane Library und EMBASE

Folgende Suchbegriffe wurden benutzt:

Tabelle 3: Übersicht der Suchbegriffe pro Datenbank

Datenbank	Suchbegriffe
PubMed	("Legislation, Drug"[Mesh] AND "Medical Device Legislation"[Mesh])
PsycINFO	(DE "Drug Laws") AND (DE "Medical Therapeutic Devices")
The Cochrane Library	"Legislation, Drug" AND "Medical Device Legislation"
EMBASE	drug legislation AND medical device regulation

Einschlusskriterium war eine gegebene Relevanz für die deutschen oder gesamteuropäischen Arten der Zulassung beziehungsweise des Inverkehrbringens, publiziert auf Deutsch oder Englisch.

3 Ergebnisse

3.1 Deskription der derzeitigen Verfahren

Zur Beantwortung der ersten Fragestellung „Welche Verfahren gelten derzeit bei der Zulassung bzw. dem Inverkehrbringen von Arzneimitteln und Medizinprodukten in Deutschland?" werden die aktuellen Verfahren zur Zulassung von Arzneimitteln und zum Inverkehrbringen von Medizinprodukten, wie in den jeweiligen Gesetzestexten beschrieben, in den folgenden Abschnitten dargestellt. Grundlage hierfür bildet die expertengeleitete Dokumentenanalyse.

3.1.1 Arzneimittel

Grundlage des Arzneimittelrechts in Deutschland ist das Gesetz über den Verkehr mit Arzneimitteln (Arzneimittelgesetz - AMG, zuletzt geändert durch Art. 3 G v. 17.12.2014 I 2222).[1] § 1 des AMG definiert den Zweck des Gesetztes: „Es ist der Zweck dieses Gesetzes, im Interesse einer ordnungsgemäßen Arzneimittelversorgung von Mensch und Tier für die Sicherheit im Verkehr mit Arzneimitteln, insbesondere für die Qualität, Wirksamkeit und Unbedenklichkeit der Arzneimittel nach Maßgabe der folgenden Vorschriften zu sorgen." Im Folgenden werden hier nur die Vorschriften, die für die Arzneimittelversorgung von Menschen relevant sind, präsentiert.

Historischer Rückblick

Nachdem 1961 die bis dahin vorhandenen einzelnen Gesetzestexte zu einem Gesetzestext zusammengefasst wurden, wurde dieser aufgrund der Vorkommnisse im Contergan-Thalidomid-Fall und der dadurch offensichtlich gewordenen Schwachstellen wieder überarbeitet: Tausende Frauen hatten Contergan während ihrer Schwangerschaft eingenommen, was zu schweren Missbildungen an ihren Säuglingen führte. Das Arzneimittelgesetz war zu diesem Zeitpunkt nicht geeignet, solchen Zwischenfällen entgegenzuwirken. Der überarbeitete Gesetzestext trat 1976 in Kraft. Um den immer neuen Anforderungen aus Forschung und gesellschaftlichem Wandel nachzukommen, wurde der Gesetzestext seitdem im Schnitt rund alle drei Jahre überarbeitet (Deutsch & Lippert, 2011, S. 2 ff.).

---

[1] Für die Arbeit wurden die Gesetzestexte zugrunde gelegt, die bis Mai 2014 veröffentlicht wurden.

Das AMG ist in zwei große Gebiete unterteilt: Ein Teil regelt die Arzneimittel-
herstellung, ein weiterer die Arzneimittelabgabe. Neben dem AMG gibt es noch
weitere Rechtsquellen, die für Arzneimittel relevant sind. Beispielhaft seien hier
das Sozialrecht, das Zivilrecht und das Patentrecht genannt. Außerdem gibt es
eine große Anzahl von internationalen Richtlinien und Regeln, welche weitere
Rahmenbedingungen für die Erforschung und Zulassung von neuen Arzneimitteln setzen sowie bindende europäische Verordnungen (Deutsch & Lippert,
2011, S. 4 ff.).

Definition Arzneimittel

Der Begriff des Arzneimittels wird weitestgehend in Einklang mit dem europarechtlichen Arzneimittelbegriff aus Richtlinie 2001/83/EG in § 2 des AMG folgendermaßen definiert:

„Arzneimittel sind Stoffe oder Zubereitungen aus Stoffen,

1)   die zur Anwendung im oder am menschlichen [...] Körper bestimmt sind
     und als Mittel mit Eigenschaften zur Heilung oder Linderung oder zur Ver-
     hütung menschlicher [...] Krankheiten oder krankhafter Beschwerden be-
     stimmt sind oder

2)   die im oder am menschlichen [...] Körper angewendet oder einem Men-
     schen [...] verabreicht werden können, um entweder

     a)   die physiologischen Funktionen durch eine pharmakologische immuno-
          logische oder metabolische Wirkung wiederherzustellen, zu korrigieren
          oder zu beeinflussen oder

     b)   eine medizinische Diagnose zu erstellen."

Nach dieser Definition können zwei Arten von Arzneimitteln unterschieden
werden: Präsentationsarzneimittel und Funktionsarzneimittel.

Der erste Teil (Nr. 1) des § 2 Abs. 1 AMG beschreibt die sogenannten Präsentationsarzneimittel. „Ein Präsentationsarzneimittel ist anzunehmen, wenn die Bezeichnung, Aufmachung oder sonstige Präsentation des Produkts bei einem
durchschnittlich informierten Verbraucher den schlüssigen Eindruck erweckt,
dass das Produkt bei seiner Einnahme die in Abs. 1 Nr. 1 genannten Wirkungen
entfalten wird" (Deutsch & Lippert, 2011, S. 27). Die Arzneimittel, die unter
diese Definition fallen, werden also über die jeweilige Aufmachung definiert.
Sollte der Hersteller sein Produkt als Arzneimittel deklarieren oder sollte bei
einem durchschnittlich informierten Verbraucher der Eindruck entstehen, das
Produkt zielt auf die Heilung, Linderung oder Verhütung von Krankheiten ab,
gilt das Produkt als Arzneimittel. Das Augenmerk auf die Aufmachung dient vor

allem dem Verbraucherschutz, da Produkte, die als Arzneimittel präsentiert werden, nicht ohne die staatlich anerkannte arzneimittelrechtliche Zulassung in Verkehr gebracht werden dürfen (§ 21 Abs. 1 AMG).

Im zweiten Teil (Nr. 2) des § 2 Abs. 1 AMG werden die sogenannten Funktionsarzneimittel beschrieben. Hier steht ihre Funktion und nicht mehr die Art und Weise, wie sie präsentiert werden, im Mittelpunkt. „Es muss eine erhebliche Veränderung der Funktionsbedingungen des Organismus herbeiführen können und Wirkungen hervorrufen, die außerhalb der normalen im menschlichen Körper ablaufenden Lebensvorgänge liegen" (Deutsch & Lippert, 2011, S. 31). Dies beinhaltet gängige Arzneimittel wie Antibiotika (Deutsch & Lippert, 2011, S. 28 ff.). Nicht mit eingeschlossen sind hingegen Stoffe, „die in ihrer Wirkung die physiologischen Funktionen schlicht beeinflussen, ohne geeignet zu sein, der menschlichen Gesundheit unmittelbar oder mittelbar zuträglich zu sein" (Gerichtshof der Europäischen Union, 2014, S. 1).

Nicht alle Kriterien, die zur klaren Abgrenzung von Arzneimitteln gegenüber anderen Produkten, zum Beispiel gegenüber Organen, Kosmetika, Lebensmitteln oder auch Medizinprodukten dienen, sind im Gesetzestext klar definiert. Im Zweifelsfall muss fallspezifisch entschieden werden. Dazu müssen alle Merkmale eines bestimmten Produkts berücksichtigt werden. Hierzu gehören insbesondere die Zusammensetzung und die pharmakologischen, immunologischen oder metabolischen Eigenschaften nach jeweiligem Stand der Wissenschaft, sowie die Modalitäten des Gebrauchs, dem Umfang der Verbreitung, die Bekanntheit sowie die Risiken. Im Streitfall entscheidet als letzte Instanz der Europäische Gerichtshof auf Basis dieser Kriterien, zu welcher Produktgruppe das Produkt gehört (Deutsch & Lippert, 2011, S. 29).

Voraussetzungen für das Inverkehrbringen

In Deutschland gilt für Arzneimittel eine Zulassungspflicht. Laut § 21 AMG dürften Arzneimittel „im Geltungsbereich dieses Gesetzes nur in den Verkehr gebracht werden, wenn sie durch die zuständige Bundesoberbehörde zugelassen sind oder wenn für sie die Europäische Gemeinschaft oder die Europäische Union eine Genehmigung für das Inverkehrbringen [...] erteilt hat." Es gilt also ein Verbot zum Inverkehrbringen mit einem Erlaubnisvorbehalt: Verletzt der Antragsteller keines der in § 25 AMG definierten Kriterien, hat er einen Anspruch auf Erteilung der Zulassung (Deutsch & Lippert, 2011, S. 243). Einzige Ausnahme bilden homöopathische und pflanzliche Arzneimittel. Diese müssen lediglich registriert werden (§§ 38, 39a AMG). Da die Registrierung dieser Arzneimittelgruppen jedoch nicht den Kern dieser Arbeit bildet, wird auf diese nicht weiter eingegangen.

Die Zulassung kann wie oben beschrieben sowohl auf nationaler als auch auf europäischer Ebene erfolgen. In den folgenden Kapiteln wird zuerst die nationale Zulassung beschrieben, gefolgt von den drei Arten der Zulassung auf europäischer Ebene: dem Zentralisierten Zulassungsverfahren (CP) für den gesamten Europäischen Wirtschaftsraum (EWR), dem Verfahren der gegenseitigen Anerkennung (MRP) sowie dem Dezentralisierten Zulassungsverfahren (DCP).

Nationale Zulassung

In § 77 AMG werden die für die Zulassung zuständigen Bundesbehörden definiert. Je nach Arzneimitteltyp ist dies entweder das Bundesinstitut für Arzneimittel und Medizinprodukte (BfArM) oder das Paul-Ehrlich-Institut (PEI). Bei der nationalen Zulassung ist das BfArM für alle Arzneimittel zur Anwendung am Menschen zuständig, es sei denn, es handelt sich um „Sera, Impfstoffe, Blutzubereitungen, Knochenmarkzubereitungen, Gewebezubereitungen, Gewebe, Allergene, Arzneimittel für neuartige Therapien, xenogene Arzneimittel und gentechnisch hergestellte Blutbestandteile" (§ 77 Abs. 2 AMG). Für diese ist das PEI zuständig.

Eingereicht werden müssen die Ergebnisse physikalischer, chemischer, biologischer oder mikrobiologischer Versuche und einer analytischen Prüfung. Außerdem müssen die Ergebnisse der pharmakologischen und toxikologischen Versuche, die Ergebnisse der klinischen Prüfungen oder sonstigen ärztlichen bzw. zahnärztlichen Erprobungen mit eingereicht werden (§ 22 Abs. 2 AMG).

Die *analytische Prüfung* ist eine in vitro Prüfung des jeweiligen Präparats und testet die vom Hersteller gewählte Herstellungsart. Hierbei spielen verschiedene Qualitätsfaktoren eine Rolle: Es wird z. B. überprüft, ob der Wirkstoff als solcher vorhanden ist, es wird die Qualität des Wirkstoffes untersucht und ob es Verunreinigungen gibt. Die Ergebnisse der *pharmakologischen und toxikologischen Versuche* beinhalten die Tierversuche der präklinischen Phase. Hier werden die therapeutische sowie die toxische Wirkung untersucht. Sollte diese Prüfung negativ ausfallen, werden weitere Untersuchungen am Menschen ausgeschlossen. Die *Ergebnisse der klinischen Prüfung* geben Aufschluss über die Verträglichkeit, die Kinetik und die Wirksamkeit des Arzneimittels. Zum Schutz der Teilnehmer der klinischen Prüfungen sind §§ 40 ff. AMG zu beachten (Deutsch & Lippert, 2011, S. 265). Die Ergebnisse dieser Prüfungen sind „so zu belegen, dass aus diesen Art, Umfang und Zeitpunkt der Prüfungen hervorgehen. Dem Antrag sind alle für die Bewertung des Arzneimittels zweckdienlichen Angaben und Unterlagen, ob günstig oder ungünstig, beizufügen. Dies gilt auch für unvollständige oder abgebrochene toxikologische oder pharmakologische Versuche oder klinische Prüfungen zu dem Arzneimittel" (§ 22 Abs. 2 AMG).

Für den Fall, dass die klinischen Prüfungen außerhalb der Europäischen Union durchgeführt wurden, muss eine Erklärung hinzugefügt werden, die besagt, dass „klinische Prüfungen unter ethischen Bedingungen durchgeführt wurden, die mit den ethischen Bedingungen der Richtlinie 2001/20/EG [...] gleichwertig sind" (§ 22 Abs. 2 AMG).

Des Weiteren muss das Pharmakovigilanz-System des Antragstellers folgende Kriterien erfüllen:

„a) den Nachweis, dass der Antragsteller über eine qualifizierte Person nach § 63a verfügt, und die Angabe der Mitgliedstaaten, in denen diese Person ansässig und tätig ist, sowie die Kontaktangaben zu dieser Person,

b) die Angabe des Ortes, an dem die Pharmakovigilanz-Stammdokumentation für das betreffende Arzneimittel geführt wird, und

c) eine vom Antragsteller unterzeichnete Erklärung, dass er über die notwendigen Mittel verfügt, um den im Zehnten Abschnitt aufgeführten Aufgaben und Pflichten nachzukommen" (§ 22 Abs. 2 AMG). Im Zehnten Abschnitt des AMG wird in §§ 62 ff. die Pharmakovigilanz eingehend beschrieben.

Des Weiteren müssen ein Risikomanagementplan eingereicht werden sowie eine Beschreibung des geplanten Risikomanagementsystems und ggf. eine „Kopie jeder Ausweisung des Arzneimittels als Arzneimittel für seltene Leiden gemäß der Verordnung (EG) Nr. 141/2000" (§ 22 Abs. 2 AMG). Außerdem wird eine „Bestätigung des Arzneimittelherstellers, dass er oder eine von ihm vertraglich beauftragte Person sich von der Einhaltung der Guten Herstellungspraxis bei der Wirkstoffherstellung durch eine Überprüfung vor Ort überzeugt hat" (§ 22 Abs. 2 AMG) und die Arten der damit verbundenen Audits (§ 22 Abs. 2 AMG) gefordert.

Die für die Zulassung des jeweiligen Arzneimittels zuständige Bundesbehörde darf die Zulassung nur verweigern, wenn eines der folgenden Kriterien erfüllt ist:

„1. die vorgelegten Unterlagen, einschließlich solcher Unterlagen, die auf Grund einer Verordnung der Europäischen Gemeinschaft oder der Europäischen Union vorzulegen sind, unvollständig sind,

2. das Arzneimittel nicht nach dem jeweils gesicherten Stand der wissenschaftlichen Erkenntnisse ausreichend geprüft worden ist oder das andere wissenschaftliche Erkenntnismaterial nach § 22 Abs. 3 nicht dem jeweils gesicherten Stand der wissenschaftlichen Erkenntnisse entspricht,

3. das Arzneimittel nicht nach den anerkannten pharmazeutischen Regeln hergestellt wird oder nicht die angemessene Qualität aufweist,

4. dem Arzneimittel die vom Antragsteller angegebene therapeutische Wirksamkeit fehlt oder diese nach dem jeweils gesicherten Stand der wissenschaftlichen Erkenntnisse vom Antragsteller unzureichend begründet ist,

5. das Nutzen-Risiko-Verhältnis ungünstig ist,

5a. bei einem Arzneimittel, das mehr als einen Wirkstoff enthält, eine ausreichende Begründung fehlt, dass jeder Wirkstoff einen Beitrag zur positiven Beurteilung des Arzneimittels leistet, wobei die Besonderheiten der jeweiligen Arzneimittel in einer risikogestuften Bewertung zu berücksichtigen sind,

6. die angegebene Wartezeit nicht ausreicht" (§ 25 Abs. 2 AMG).

„Bei Sera, Impfstoffen, Blutzubereitungen, Gewebezubereitungen, Allergenen, xenogenen Arzneimitteln [...] erteilt die zuständige Bundesoberbehörde die Zulassung entweder auf Grund der Prüfung der eingereichten Unterlagen oder auf Grund eigener Untersuchungen oder auf Grund der Beobachtung der Prüfungen des Herstellers" (§ 25 Abs. 8 AMG).

Wenn die zuständige Bundesbehörde der Auffassung ist, dass die Unterlagen nicht zur Erteilung der Zulassung ausreichen, teilt sie dies dem Antragsteller begründet mit. Dieser hat dann in einem angemessenen Zeitraum, höchstens aber in sechs Monaten, die Mängel auszubessern, da ihm ansonsten die Zulassung versagt bleibt (§ 25 Abs. 4 AMG). Die jeweiligen Behörden dürfen zulassungsbezogene Angaben auch durch Visitationen der Einrichtungen überprüfen (§ 25 Abs. 5 AMG).

Sollte die Zulassung erfolgreich sein, erstellt die „zuständige Bundesoberbehörde [...] ferner einen Beurteilungsbericht über die eingereichten Unterlagen zur Qualität, Unbedenklichkeit und Wirksamkeit und gibt darin eine Stellungnahme hinsichtlich der Ergebnisse von pharmazeutischen und vorklinischen Versuchen sowie klinischen Prüfungen sowie [...] zum Risikomanagement- und zum Pharmakovigilanz-System ab" (§ 25 Abs. 5a AMG).

Für den Fall, dass die Zulassung nicht ausschließlich für Deutschland angestrebt ist, kann in bestimmten Fällen das Zentralisierte Zulassungsverfahren verwendet werden, das im nächsten Kapitel beschrieben wird.

Zentralisierte Zulassungsverfahren

Mithilfe des Zentralisierten Verfahrens kann ein Arzneimittel für den gesamten EWR zugelassen werden. Die rechtliche Grundlage für die Zulassung nach dem Zentralisierten Zulassungsverfahren bildet die Verordnung (EG) Nr. 726/2004, das nach § 37 AMG der nationalen Zulassung gleichgesetzt ist. In dem Zentralisierten Verfahren erteilt die Europäische Kommission die Zulassung auf Basis der wissenschaftlichen Beurteilung der wissenschaftlichen Ausschüsse der Europäischen Agentur für die Beurteilung von Arzneimitteln (EMA) (Fischer, 2013, S. 152 ff.). Das Zentralisierte Zulassungsverfahren kann nur bei bestimmten Arzneimitteln angewendet werden. Während es bei manchen verpflichtend ist, ist es bei anderen optional.

Die Arzneimittel, für die die zentrale Zulassung verpflichtend ist, werden im Anhang der Verordnung (EG) Nr. 726/2004 aufgelistet. Es handelt sich um Arzneimittel, die mit bestimmten biotechnologischen Verfahren hergestellt wurden oder um Arzneimittel, die AIDS, Krebs, neurodegenerative Erkrankungen, Diabetes, Autoimmunerkrankungen und andere Immunschwächen oder Viruserkrankungen und seltene Erkrankungen behandeln.

Optional ist das Zentralisierte Zulassungsverfahren nach Artikel 3 (EG) Nr. 726/2004 für Arzneimittel, die einen neuen Wirkstoff enthalten. Der Antragsteller hat nachzuweisen, dass es sich um eine „[b]eutende Innovation in therapeutischer, wissenschaftlicher oder technischer Hinsicht" (Art. 3 Abs. 2 der VO (EG) Nr. 726/2004) oder Generika von Arzneimitteln handelt, die über das Zentralisierte Zulassungsverfahren zugelassen werden können oder müssen.

Bevor der Antragsteller den Antrag für das Zentralisierte Zulassungsverfahren bei der EMA einreicht, sollte er ein sog. pre-submission-Gesuch an die EMA stellen, damit im persönlichen Gespräch offene Fragen geklärt werden können. Dies ist sinnvoll, da es immer wieder offene Fragen gibt, die weder durch Verordnungen und Richtlinien noch durch andere öffentliche Quellen im Vorfeld zu klären sind. Erscheint der Antrag nach diesem Gespräch erfolgversprechend, werden weitere Unterlagen angefordert. Sieben Monate vor Einreichung des Zulassungsantrags sollte die EMA in einem sog. ‚letter of intent to submit' offiziell über die geplante Zulassung informiert werden. Zusammen mit dem ‚letter of intent to submit' sollen auch weitere Informationen übermittelt werden: die Zusammenfassung der Merkmale des Arzneimittels nach Art. 11 Richtlinie 2001/83/EG[2], Informationen über die Herstellung des Produkts und die Qualitätssicherungsmechanismen, den sog. ‚Active Substance Master File' (ASMF) (EMA, 2005, S. 4) sowie Vorschläge für den Rapporteur und Co-Rapporteur, die zwischen der EMA, dem Antragsteller und den Mitgliedstaaten vermitteln (Deutsch & Lippert, 2011, S. 221).

---

[2] In Art. 11 der Richtlinie 2001/83/EG sind Inhalt und Reihenfolge aller zu erbringenden Informationen genau definiert. Beispielhaft seien hier Name des Arzneimittels, Zusammensetzung, Darreichungsform, klinische Angaben, pharmakologische Eigenschaften und pharmazeutische Angaben genannt.

Dem vollständigen Antrag sind dann weitere Informationen hinzuzufügen, die in Artikel 8, 10, 10a, 10b und 10c der Richtlinie 2001/83/EG gelistet sind. Beispielhaft werden folgende notwendige Angaben aufgelistet: Name des Arzneimittels, Zusammensetzung nach Art und Menge aller Bestandteile, Bewertung der Umweltrisiken, Hinweise zur Herstellung, Heilanzeigen, Gegenanzeigen und Nebenwirkungen, Dosierung, Darreichungsform, Beschreibung der vom Hersteller angewandten Kontrollmethoden, die Bestätigung, dass der Hersteller den Leitlinien der guten Herstellungspraxis folgt, die Ergebnisse der pharmazeutischen, vorklinischen und klinischen Versuche, eine Zusammenfassung des Pharmakovigilanz-Systems und einen Risikomanagementplan. Ausnahmen gelten zum Beispiel für Radionuklidengeneratoren, für die noch zusätzliche Dokumente erforderlich sind, (Art. 9 der RiLi 2001/83/EG) und Generika, bei denen nur bestimmte Unterlagen eingereicht werden müssen (Art. 10 der RiLi 2001/83/EG).

Form des Antrags

Alle Angaben müssen in einem fest vorgeschriebenen Format eingereicht werden. Festgelegt sind die Vorgaben in einem Leitfaden, den die Kommission hierfür veröffentlicht hat (sog. ,Common Technical Document' (CTD)). Hierdurch wird ein einheitlicher Aufbau und ein einheitliches Format für die Europäische Gemeinschaft, die Vereinigten Staaten von Amerika und Japan sichergestellt. Diese geographischen Entitäten haben sich in der ,International Conference on Harmonisation of Technical Requirements for Registration of Pharmaceuticals for Human Use' (ICH) zusammengeschlossen, um die Zulassungsprozesse weitest möglich zu harmonisieren (Einführung und allgemeine Grundlagen der RiLi 2001/83/EG; ICH, 2014).

Wird der Antrag angenommen, wird ein Produkt-Team gebildet, das die Prüfung durchführen wird. Innerhalb von 210 Tagen wird dann ein Gutachten erstellt. Im Falle eines positiven Gutachtens wird dieses innerhalb von 15 Tagen an die Kommission, die Mitgliedstaaten und den Antragsteller geschickt. Darauf basierend schickt die Kommission wiederum innerhalb von 15 Tagen einen Entwurf über ihre Entscheidung an die Mitgliedstaaten und den Antragsteller. Die Mitgliedstaaten haben nun 22 Tage Zeit für eine Stellungnahme. Sollte es keine Einsprüche geben, erlässt 15 Tage nach Ablauf dieser Frist die Kommission die Zulassung (Deutsch & Lippert, 2011, S. 221 f.). Eine ausführliche Darstellung des Zulassungsverfahrens bei Komplikationen ist in Deutsch et al. (2011) auf den Seiten 223 f. zu finden.

Falls das Zentralisierte Zulassungsverfahren nicht möglich ist oder bei Arzneimitteln, für die dieses Verfahren optional ist und vom Antragsteller nicht erwünscht ist, gibt es auf der europäischen Ebene noch zwei weitere Zulassungsmöglichkeiten, die angewendet werden können, wenn die Zulassung in mehr als einem Mitgliedstaat im EWR angestrebt wird: das Verfahren der gegenseitigen Anerkennung und das Dezentralisierte Verfahren (Fischer, 2013, S. 154). Für beide bildet die Richtlinie 2001/83/EG, die über §§ 25a Abs. 4 und 5 sowie 25b AMG in deutsches Recht übertragen ist, die rechtliche Grundlage (Deutsch & Lippert, 2011, S. 227).

Verfahren der gegenseitigen Anerkennung

Im Verfahren der gegenseitigen Anerkennung (eng.: mutual recognition procedure (MRP)) kann ein Antragsteller, der eine Zulassung in einem EU-Mitgliedstaat (sog. Referenzstaat, eng.: reference member state (RMS)) besitzt, beantragen, dass diese auf andere EU-Mitgliedstaaten ausgeweitet wird. Der Zulassungsprozess ist in Abbildung 2 schematisch dargestellt. Die einzureichenden Informationen sind wie bei dem Zentralisierten Zulassungsverfahren in Artikel 8, 10, 10a, 10b, 10c und 11 der Richtlinie 2001/83/EG genannt. Der Aufbau nach dem CTD gilt entsprechend. Die Zulassung darf nur verweigert werden, wenn der Staat, in dem die Zulassung angestrebt wird (sog. involviertes Land, eng.: concerned member state (CMS)), der Meinung ist, dass das betroffene Arzneimittel eine schwerwiegende Gefahr für die öffentliche Gesundheit oder für die Umwelt darstellt (§ 25b Abs. 2 AMG; Art. 28.ff der RiLi 2001/83/EG). Im Jahr 2013 wurde das Verfahren der gegenseitigen Anerkennung 207-mal durchgeführt (CMDh, 2013, S. 2).

Dezentralisiertes Verfahren

Das Dezentralisierte Verfahren ist dem Verfahren der gegenseitigen Anerkennung ähnlich. Der gravierende Unterschied ist, dass am Anfang des Prozesses in keinem Land des EWR eine Genehmigung für das Inverkehrbringen vorliegt und die CMS von Anfang des Prozesses an Kommentare abgeben können. Die zu erbringenden Informationen und auch deren Aufbau (CTD) sind identisch mit denen des Verfahrens der gegenseitigen Anerkennung. Positiv für den Antragsteller ist auch hier, dass er den RMS selbst aussuchen kann. Wichtige Kriterien hierfür sind die schnelle und kompetente Abarbeitung des Antrags (Deutsch & Lippert, 2011, S. 226). Das Dezentralisierte Verfahren wurde im Jahr 2013 1052-mal durchgeführt (CMDh, 2013, S. 2).

Neben den oben beschriebenen Zulassungsverfahren, gibt es für bestimmte Arzneimittel noch besondere Zulassungsarten, die den oben beschriebenen Umfang der zu erbringenden Unterlagen teilweise drastisch reduzieren.

Besondere Zulassungsarten

Das für die nationale Zulassung zuständige BfArM unterscheidet sechs besondere Zulassungsarten: Den Vollantrag, die generische Zulassung, den Hybrid-Antrag, die Bibliografische Zulassung, die Zulassung von Biosimilars und besondere Therapierichtungen (BfArM, 2013a). Zusätzlich dazu differenziert der deutsche Gesetzgeber noch die sogenannte Standardzulassung und nach europäischem Recht existieren noch weitere Regelungen für die Zulassung von Orphan Drugs. Nach dem oben beschriebenen Vollantrag werden nun die weiteren Antragsarten beschrieben.

Die Generische Zulassung

Ein Generikum ist ein „Arzneimittel, das die gleiche qualitative und quantitative Zusammensetzung aus Wirkstoffen und die gleiche Darreichungsform wie das Referenzarzneimittel aufweist und dessen Bioäquivalenz mit dem Referenzarzneimittel durch geeignete Bioverfügbarkeitsstudien nachgewiesen wurde" (Art. 10 Abs. 2 Buchstabe b der RiLi 2001/83/EG).

Für Generika müssen die vorklinischen und klinischen Studien nicht eingereicht werden, es sei denn, es gibt hinsichtlich der Sicherheit und/oder der Wirksamkeit erhebliche Unterschiede.[3] In diesem Fall können ergänzende Dokumente bis hin zu den Ergebnissen der entsprechenden (vor-)klinischen Studien gefordert werden (Art. 10 der RiLi 2001/83/EG).

Außerdem können die Bioverfügbarkeitsstudien erlassen werden, wenn der Antragsteller nachweisen kann, dass die in den jeweiligen Leitlinien erforderlichen Kriterien erfüllt wurden (Art. 10 der RiLi 2001/83/EG).

Vor Einreichung der Unterlagen muss das Referenzarzneimittel seit mindestens acht Jahren in der EU genehmigt worden sein und das Generikum darf erst mindestens zehn Jahre nach Erteilung der Erstgenehmigung des Referenzarzneimittels in Verkehr gebracht werden (Art. 10 der RiLi 2001/83/EG).

Im deutschen Recht werden Generika in §§ 24a und 24b AMG geregelt. Die hier geltenden Kriterien und Regelungen sind mit denen der Richtlinie 2001/83/EG weitestgehend identisch.

Der Hybrid-Antrag

Ein Antrag auf die Zulassung von Generika wird Hybrid-Antrag genannt, wenn auf Grund von Nachweislücken noch zusätzliche Daten nachgereicht werden

---

[3] Das wäre beispielsweise der Fall „bei einer Änderung des Wirkstoffes oder der Wirkstoffe, der Anwendungsgebiete, der Stärke, der Darreichungsform oder des Verabreichungsweges gegenüber dem Referenzarzneimittel" (2001/83/EG Art. 10 Abs. 3).

müssen. Es werden also sowohl die Unterlagen des Referenzarzneimittels als auch neue Unterlagen benutzt. Basis hierfür bilden 2001/83/EG Art. 10 Abs. 3 bzw. § 24b Abs. 2 (BfArM, Zulassungsarten, 2013a).

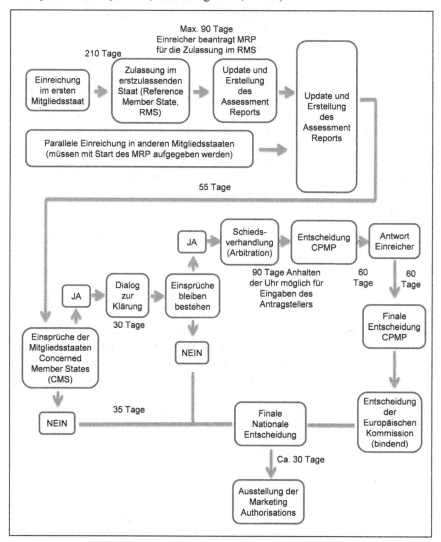

Abbildung 2: Flussdiagramm Verfahren der gegenseitigen Anerkennung (mutual recognition procedure (MRP)) nach Fischer (2013, S. 155)

Die Bibliografische Zulassung

Wenn ein Arzneimittel seit mindestens zehn Jahren verwendet wird und eine „anerkannte Wirksamkeit sowie einen annehmbaren Grad an Sicherheit" (Art. 10a der RiLi 2001/83/EG) vorhanden sind, kann auf die (vor-)klinischen Studien verzichtet werden. In diesem Fall reicht eine einschlägige wissenschaftliche Dokumentation aus (Art. 10a der RiLi 2001/83/EG).

Im deutschen Recht regelt § 22 Abs. 2 AMG die Bibliografische Zulassung. Die Unterlagen der pharmakologischen und toxikologischen Versuche sowie die Ergebnisse der klinischen Prüfungen können durch „anderes wissenschaftliches Erkenntnismaterial" (§ 22 Abs. 3 AMG) ersetzt werden. Dies ist nur möglich, wenn entweder der Wirkstoff oder die Wirkstoffe von Arzneimitteln schon seit mindestens zehn Jahren in der Europäischen Union verwendet werden, neue Arzneimittel vergleichbar mit den oben genannten sind oder, bei einer neuen Kombination von Wirkstoffen, deren Bestandteile seit mindestens zehn Jahren in der Europäischen Union verwendet werden. Aus dem jeweiligen Erkenntnismaterial müssen Wirkungen und Nebenwirkungen erkenntlich sein oder, bei Arzneimitteln mit neuen Kombinationen, kann auch für die Kombination als solche wissenschaftliches Erkenntnismaterial präsentiert werden, wenn „Wirksamkeit und Unbedenklichkeit des Arzneimittels nach Zusammensetzung, Dosierung, Darreichungsform und Anwendungsgebieten auf Grund dieser Unterlagen bestimmbar sind" (§ 22 Abs. 3 AMG).

Die Zulassung von Biosimilars

Wenn ein biologisches Arzneimittel einem biologischen Referenzarzneimittel ähnlich ist, aber nicht unter die Bestimmungen für Generika fällt, „weil insbesondere die Rohstoffe oder der Herstellungsprozess des biologischen Arzneimittels sich von dem des biologischen Referenzarzneimittels unterscheiden" (Art. 10 Abs. 4 der RiLi 2001/83/EG), so sind (vor-) klinische Studien notwendig, um zu zeigen, dass trotz dieser Abweichungen die Wirksamkeit und Unbedenklichkeit des Arzneimittels verglichen mit dem Referenzarzneimittel nicht beeinflusst werden. Im deutschen Recht wird die Zulassung von Biosimilars in § 24b Abs. 5 AMG geregelt (BfArM, Zulassungsarten, 2013a).

Besondere Therapierichtungen

„Zu den Besonderen Therapierichtungen im Arzneimittelgesetz (AMG) gehören die Phytotherapeutische, die Homöopathische, die Anthroposophische Therapierichtung [sowie] Traditionelle Arzneimittel" (BfArM, 2013). Da diese nicht den Kern dieser Arbeit bilden, wird auf die Besonderen Therapierichtungen hier nicht weiter eingegangen.

Standardzulassungen

Im deutschen Recht wird als Standardzulassung eine Befreiung von der Pflicht zur Zulassung bezeichnet. Das Bundesministerium für Gesundheit kann für Arzneimittel, bei denen eine „unmittelbare oder mittelbare Gefährdung der Gesundheit von Mensch [...] nicht zu befürchten ist, weil die Anforderungen an die erforderliche Qualität, Wirksamkeit und Unbedenklichkeit erwiesen sind" (§ 36 Abs. 1 AMG), von der Zulassungspflicht absehen (Deutsch & Lippert, 2011; § 36 AMG).[4]

Orphan Drugs

Als Arzneimittel für seltene Leiden (Orphan Drug) wird ein Arzneimittel bezeichnet, das „für die Diagnose, Verhütung oder Behandlung eines Leidens bestimmt ist, das lebensbedrohend ist oder eine chronische Invalidität nach sich zieht und von dem zum Zeitpunkt der Antragstellung in der Gemeinschaft nicht mehr als fünf von zehntausend Personen betroffen sind, oder [...] ohne Anreize vermutlich nicht genügend Gewinn bringen würde, um die notwendigen Investitionen zu rechtfertigen" (Art. 3 Abs. 1 Buchstabe a der VO (EG) 141/2000). Außerdem darf es in der Europäischen Gemeinschaft noch kein zufriedenstellendes Äquivalent geben oder das Arzneimittel muss für die Betroffenen von erheblichem Nutzen sein (Art. 3 der VO (EG) 141/2000).

Zweck der Verordnung ist es, ein EU-weites Verfahren zu etablieren und „Anreize für die Erforschung, Entwicklung und das Inverkehrbringen von als Arzneimittel für seltene Leiden ausgewiesenen Arzneimitteln zu schaffen" (Art.1 der VO (EG) 141/2000). Hierzu werden weniger Unterlagen gefordert als in der vollständigen CP verlangt und ein Marktexklusivrecht von zehn Jahren gewährleistet. Das Marktexklusivrecht kann jedoch auf sechs Jahre verkürzt werden, wenn die Arzneimittel nach fünf Jahren nicht mehr unter die Orphan Drug Definition fallen, also z. B. die Rentabilität doch ausreichend ist (Art. 5; 8 der VO (EG) 141/2000).

Das Committee for Orphan Medicinal Products (COMP) der EMA ist für die Bearbeitung der Anträge zuständig (COMP, 2014). Außerdem unterstützt es den Hersteller bei der Erstellung der notwendigen Unterlagen und der Identifikation der notwendigen Tests (Art. 6 der VO (EG) 141/2000).

---

[4] „Die Rechtsverordnung [...] ergeht im Einvernehmen mit dem Bundesministerium für Wirtschaft und Technologie und, soweit es sich um radioaktive Arzneimittel und um Arzneimittel handelt, bei deren Herstellung ionisierende Strahlen verwendet werden, im Einvernehmen mit dem Bundesministerium für Umwelt, Naturschutz und Reaktorsicherheit" (§ 36 Abs. 3 AMG).

Prüfungen nach der Zulassung

In diesem Abschnitt wird beschrieben, welche Anforderungen Arzneimittel nach der Zulassung erfüllen müssen.

Risikomanagement- und zum Pharmakovigilanz-System

Die rechtliche Grundlage für die fortlaufende Pharmakovigilanz, die nach dem Glossar von Deutsch (2011) dem Begriff der Arzneimittelüberwachung gleich-zusetzen ist, bilden auf europäischer Ebene die Erwägungen 54 und 55 2001/83/EG, sowie Art. 8 Abs. 3 Nr. ia (Deutsch & Lippert, 2011, S. 266). Der Risikomanagementplan wird in Art. 8 Abs. 3 Nr. iaa eingeführt. Für neuartige Therapien greift die Verordnung (EG) Nr. 1394/2007 (Deutsch & Lippert, 2011, S. 121).

Die Erwägungen 54. und 55. 2001/83/EG besagen, dass die Pharmakovigilanz-Systeme permanent an den „wissenschaftlichen und technischen Fortschritt angepasst" (Erw. 54 der RiLi 2001/83/EG) werden müssen und „Änderungen aufgrund einer internationalen Harmonisierung von Begriffsbestimmungen, Terminologie und technologischen Entwicklungen auf dem Gebiet der Pharma-kovigilanz" (Erw. 55. Der RiLi 2001/83/EG) berücksichtigt werden müssen. Eine vollständige Beschreibung des Pharmakovigilanz- und gegebenenfalls des Risikomanagementsystems wird vom Antragsteller in Art. 8 Abs. 3 Nr. ia 2001/83/EG gefordert. Außerdem ist dort festgelegt, dass der Antragsteller „über eine qualifizierte Person verfügt, die für die Pharmakovigilanz verantwortlich ist" (Art. 8 Abs. 3 Nr. ia der RiLi 2001/83/EG). Weitere Anforderungen an den Inhaber der Genehmigung bezüglich der Meldepflichten sind in Art. 23 und 23a 2001/83/EG geregelt.

Im deutschen Recht regeln §§ 62 ff. AMG die Anforderungen an die Pharmako-vigilanz und die damit beauftragten Stakeholder.

Der § 63b AMG beinhaltet die Pharmakovigilanz-Pflichten des Inhabers der Zulassung. Neben der Entwicklung und dem Betrieb des Pharmakovigilanz-Systems, muss der Inhaber der Zulassung sicherstellen, dass sämtliche Informa-tionen wissenschaftlich ausgewertet werden und geprüft wird, wie mögliche Risiken minimiert oder vermieden werden können. Außerdem muss er sicherstel-len, dass die hierfür notwendigen Maßnahmen erforderlichenfalls unverzüglich ergriffen werden. Regelmäßige Audits sollen neben der Prüfung einer umfassen-den Dokumentation (der Pharmakovigilanz-Stammdokumentation) auch sicher-stellen, dass etwaige Mängel beseitigt werden. Die Dokumentation des Pharma-kovigilanz-Systems muss auf Anfrage zur Verfügung gestellt werden. Zusätzlich muss ein Risikomanagementsystem betrieben werden, wenn das Arzneimittel nach dem 26. Oktober 2012 zugelassen wurde, oder nach § 28 Abs. 3b AMG mit der entsprechenden Auflage versehen wurde. Des Weiteren muss der Inhaber der Zulassung die Ergebnisse der Maßnahmen zur Risikominimierung überwachen, das Risikomanagementsystem aktualisieren und die Pharmakovigilanz-Daten mit dem Ziel überwachen, neue Risiken zu identifizieren und Veränderungen bei bekannten Risiken oder dem Nutzen-Risiko-Verhältnis festzustellen. Ferner dürfen keine Informationen, die mit der Pharmakovigilanz in Zusammenhang stehen, öffentlich bekannt gegeben werden, wenn sie nicht vorher oder gleichzeitig auch an die zuständige Bundesbehörde oder ggf. auch der Europäischen Arzneimittel-Agentur und der Europäischen Kommission übermittelt werden. Diese Informationen müssen „in objektiver und nicht irreführender Weise dargelegt werden" (§ 63b Abs. 3 AMG). Die Pflichten des Antragstellers, Informationen weiterzugeben oder bereitzustellen, sind in § 29 AMG definiert. Deutsch (2011, S. 266) fasst die Aufgaben des Antragstellers so zusammen: „Er muss in seinem Betrieb die Voraussetzungen für die Datenerhebungen und Überwachungen schaffen und durchführen."

Die für die Pharmakovigilanz verantwortliche Person ist im deutschen Recht nach § 63a AMG der Stufenplanbeauftragte. Dieser wird vom pharmazeutischen Unternehmer festgelegt. Er ist für die oben beschriebenen Dokumentations- und Meldepflichten sowie für die Meldung von Nebenwirkungen und ggf. für die Koordination daraus notwendig gewordener Maßnahmen verantwortlich. Der Antragsteller muss die erforderliche Qualifikation des Stufenplanbeauftragten nachweisen (Deutsch & Lippert, 2011, S. 266).

Die Sondervorschriften für Arzneimittel bei neuartigen Therapien werden im deutschen Recht durch § 4b AMG geregelt (Deutsch & Lippert, 2011, S. 112).

„Die Erteilung von Zulassungen mit Auflagen ist deshalb von großer Konsequenz, weil sie nach Art der Auflagen dazu führt, dass die zuständige Bundesoberbehörde das Arzneimittel auch nach der Zulassung noch weiterverfolgen muss. Dies gilt insbesondere auch für die Regelungen über die Einrichtung eines Risikomanagementsystems nach der erteilten Zulassung im Rahmen der Pharmakovigilanz. Die Nachverfolgung der Zulassung ist auch Gegenstand der folgenden §§ 29 bis 31" (Deutsch & Lippert, 2011, S. 330).

„Der Verstoß gegen eine angeordnete Auflage hat zur Folge, dass die zuständige Bundesoberbehörde dem Betroffenen nach der versteckten Regelung in § 30 Abs. 2 Nr. 2 eine angemessene Nachfrist setzt, innerhalb der das Gewünschte nachzuholen hat. Kommt er dieser Aufforderung nicht nach, liegt es im Ermessen der zuständigen Bundesoberbehörde, ob sie die Zulassung nach § 30 Abs. 2 Nr. 2 widerruft" (Deutsch & Lippert, 2011, S. 332).

Überwachung

Die Überwachung des Verkehrs mit Arzneimitteln wird in §§ 64 ff. AMG festgelegt. „Zweck der Überwachung ist es zu kontrollieren, dass die Ziele des AMG, nämlich die Sicherheit des Verkehrs mit Arzneimitteln und die ordnungsgemäße Versorgung der Bevölkerung mit Arzneimitteln [...] verwirklicht werden" (Deutsch & Lippert, 2011, S. 649). Informationen über Nebenwirkungen werden gemeinsam vom BfArM und der Arzneimittelkommission der Deutschen Ärzteschaft gesammelt und an das Deutsche Institut für Medizinische Dokumentation und Information (DIMDI) weitergegeben. Die Arzneimittelüberwachung ist Aufgabe der Länder. Zu den Sanktionsmöglichkeiten der jeweiligen Behörden gehört auch die vorläufige Schließung des Betriebs, vorausgesetzt die Verhältnismäßigkeit der Sanktion ist gewährleistet (Deutsch & Lippert, 2011, S. 643).

3.1.2 Medizinprodukte

Das Medizinprodukterecht ist primär durch EU-Recht geregelt, das durch das Medizinproduktegesetz (MPG) in deutsches Recht umgesetzt wurde. Hinzu kommen jedoch weitere Verordnungen wie z. B. die Medizinprodukte-Sicherheitsplanverordnung (MPSV) oder die Medizinprodukte-Durchführungsvorschrift (MPGVwV).

Bevor auf diese im Detail eingegangen wird, wird im nächsten Kapitel ein kurzer Überblick über die Geschichte des Medizinprodukterechts in Deutschland und die damit verbundenen europäischen Richtlinien und Verordnungen gegeben.

Historischer Rückblick

Verglichen mit dem AMG ist das MPG ein eher junges Gesetz in Reaktion auf europarechtliche Vorschriften. Vor der Einführung des MPG galten für medizinische Produkte z. B. das Arzneimittelgesetz oder das Gerätetechnikgesetz. 1994 wurde ein Gesetzestext verabschiedet, um die EU Richtlinien 90/385/EWG über aktive implantierbare medizinische Geräte und 93/42/EWG über Medizinprodukte in deutsches Recht umzusetzen. 1998 wurden mit Richtlinie 98/79/EG weitere Rahmenbedingungen für In-vitro-Diagnostika geschaffen und das MPG zum ersten Mal leicht verändert. 2001 und 2009 wurde das MPG noch einmal grundlegend überarbeitet (Deutsch, Lippert, Ratzel & Tag, 2010, S. 45 f.). Neben dem MPG gelten für bestimmte Medizinprodukte auch andere Gesetzesquellen, z. B. die Strahlenschutzverordnung (StrlSchV) für Röntgengeräte.

Der Zweck des Gesetzes ist laut § 1 MPG und den ‚nahestehenden Gründen' in der Richtlinie 93/42/EWG die Regelung des Verkehrs mit Medizinprodukten, also der freie Warenverkehr innerhalb der Europäischen Union. Dabei soll zum einen für die „Sicherheit, Eignung und Leistung der Medizinprodukte" (§ 1

MPG) sowie zum anderen für „die Gesundheit und den erforderlichen Schutz der Patienten, Anwender und Dritter" (§ 1 MPG) gesorgt werden. Somit kombiniert das MPG Anforderungen an die Produktsicherheit mit dem Verbraucherschutz (Deutsch, Lippert, Ratzel & Tag, 2010, S. 46).

Definition Medizinprodukte

In § 3 MPG Abs. 1 werden in Anlehnung an Art. 1 Satz 2 Buchstabe a 93/42/ EWG Medizinprodukte folgendermaßen definiert:

„Medizinprodukte sind alle einzeln oder miteinander verbunden verwendete Instrumente, Apparate, Vorrichtungen, Software, Stoffe und Zubereitungen aus Stoffen oder andere Gegenstände einschließlich der vom Hersteller speziell zur Anwendung für diagnostische oder therapeutische Zwecke bestimmten und für ein einwandfreies Funktionieren des Medizinproduktes eingesetzten Software, die vom Hersteller zur Anwendung für Menschen mittels ihrer Funktionen zum Zwecke

a) der Erkennung, Verhütung, Überwachung, Behandlung oder Linderung von Krankheiten,

b) der Erkennung, Überwachung, Behandlung, Linderung oder Kompensierung von Verletzungen oder Behinderungen,

c) der Untersuchung, der Ersetzung oder der Veränderung des anatomischen Aufbaus oder eines physiologischen Vorgangs oder

d) der Empfängnisregelung

zu dienen bestimmt sind und deren bestimmungsgemäße Hauptwirkung im oder am menschlichen Körper weder durch pharmakologisch oder immunologisch wirkende Mittel noch durch Metabolismus erreicht wird, deren Wirkungsweise aber durch solche Mittel unterstützt werden kann."

Um Medizinprodukte von anderen Produkten besser abgrenzen zu können, wurde im Gesetzestext zum einen der Zweck eines Medizinproduktes und zum anderen die erforderliche Hauptwirkung genau beschrieben und als Grundlage der Definition von Medizinprodukten genommen.

Zur Veranschaulichung des Zweckes spezifischer Geräte sind Beispielen in Tabelle 4 dargestellt.

Deutsch et al. (2010, S. 52) fassen § 3 Abs. 1 MPG folgendermaßen zusammen: Medizinprodukte sind „Instrumente, Apparate, Vorrichtungen, Stoffe und andere Gegenstände, welche der Erkennung, Verhütung, Überwachung, Behandlung oder Linderung von Krankheiten bzw. Behinderungen, der Empfängnisregelung und der Untersuchung, der Ersetzung oder Veränderung des anatomischen Aufbaus oder anders physiologischen Vorgangs zu dienen bestimmt ist."

Tabelle 4: Zweck der Medizinprodukte nach § 3 Nr. 1 MPG und Beispiele

Zweck nach § 3 Abs. 1 MPG	**Beispiele** (Seghezzi & Wasmer, 2008, S. 1539)
a) Erkennung, Verhütung, Überwachung, Behandlung oder Linderung von Krankheiten	z. B. Computertomograph, Fiebermesser, Ultraschallgeräte
b) Erkennung, Überwachung, Behandlung, Linderung oder Kompensierung von Verletzungen oder Behinderungen	z. B. elektrischer Rollstuhl, Eisbeutel, Röntgenapparat
c) Untersuchung, der Ersetzung oder der Veränderung des anatomischen Aufbaus oder eines physiologischen Vorgangs	z. B. Gelenkprothese
d) Empfängnisregelung	z. B. Präservative, Spiralen

Generell wird zwischen drei verschiedenen Arten von Medizinprodukten unterschieden. Es gibt die Gruppe der In-vitro-Diagnostika, aktive implantierbare und sonstige Medizinprodukte. In europäischem Recht gelten für jede dieser Arten unterschiedliche Richtlinien. Die Rahmenbedingungen für In-vitro-Diagnostika werden in Richtlinie 98/79/EG geregelt, für aktive implantierbare medizinische Geräte in 90/385/EWG und für sonstige Medizinprodukte in 93/42/EWG.

Ein In-vitro-Diagnostikum wird folgendermaßen definiert: Ein In-vitro-Diagnostikum ist „jedes Medizinprodukt, das als Reagenz, Reagenzprodukt, Kalibriermaterial, Kontrollmaterial, Kit, Instrument, Apparat, Gerät oder System – einzeln oder in Verbindung miteinander – nach der vom Hersteller festgelegten Zweckbestimmung zur In-vitro-Untersuchung von aus dem menschlichen Körper stammenden Proben, einschließlich Blut- und Gewebespenden, verwendet wird und ausschließlich oder hauptsächlich dazu dient, Informationen zu liefern

■   über physiologische oder pathologische Zustände oder

■   über angeborene Anomalien oder

■ zur Prüfung auf Unbedenklichkeit und Verträglichkeit bei den potentiellen Empfängern oder

■ zur Überwachung therapeutischer Maßnahmen.

Auch Probenbehältnisse gelten als In-vitro-Diagnostika. Probenbehältnisse sind luftleere wie auch sonstige Medizinprodukte, die von ihrem Hersteller speziell dafür gefertigt werden, aus dem menschlichen Körper stammende Proben unmittelbar nach ihrer Entnahme aufzunehmen und im Hinblick auf eine In-vitro-Diagnose aufzubewahren.

Erzeugnisse für den allgemeinen Laborbedarf gelten nicht als In-vitro-Diagnostika, es sei denn, sie sind aufgrund ihrer Merkmale nach ihrer vom Hersteller festgelegten Zweckbestimmung speziell für In-vitro-Untersuchungen zu verwenden" (Art. 1 Abs. 2b der RiLi 98/79/EG).

Aktive implantierbare medizinische Geräte werden folgendermaßen definiert:

„[...] „Aktives medizinisches Gerät": jedes medizinische Gerät, dessen Betrieb auf eine elektrische Energiequelle oder eine andere Energiequelle als die unmittelbar durch den menschlichen Körper oder die Schwerkraft erzeugte Energie angewiesen ist.

[...] „Aktives implantierbares medizinisches Gerät": jedes aktive medizinische Gerät, das dafür ausgelegt ist, ganz oder teilweise durch einen chirurgischen oder medizinischen Eingriff in den menschlichen Körper oder durch einen medizinischen Eingriff in eine natürliche Körperöffnung eingeführt zu werden und dazu bestimmt ist, nach dem Eingriff dort zu verbleiben" (Art. 1 Abs. 2b, Abs. 2c der RiLi 90/385 EWG).

Sonstige Medizinprodukte sind all jene Medizinprodukte, die nicht unter eine der beiden oben genannten Kategorien fallen.

In Abbildung 3 ist dargestellt, wie viele Verkehrsfähige Medizinprodukte (MP) und In-vitro-Diagnostika (IVD) 2012 in Deutschland in Verkehr gebracht wurden. Diese Zahlen stellen nur die Anzahl von Gruppen ähnlicher Medizinprodukte, die von einer deutschen zuständigen Behörde erstmalig in Verkehr gebracht wurden, dar (BVmed, 2013), dienen hier jedoch der Veranschaulichung der ungefähren Mengenverteilung in Deutschland.

Voraussetzungen für das Inverkehrbringen

Medizinprodukte müssen zwei Bedingungen erfüllen, um in Verkehr gebracht werden zu dürfen: Sie müssen die Grundlegenden Anforderungen nach den jeweiligen Richtlinien erfüllen und einer spezifischen Konformitätsbewertung

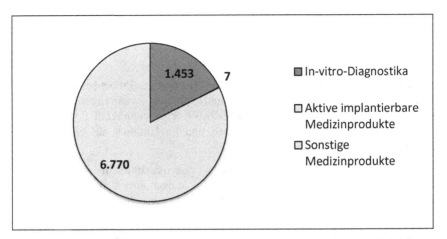

Abbildung 3: Verkehrsfähige MP und IVD nach Klassen (Anzeige des Inverkehrbringens in Deutschland, Widerrufe ausgeschlossen) 2012 (BVmed, 2013)

unterzogen worden sein, in Rahmen derer die sog. Grundlegenden Anforderungen überprüft werden. Erfüllt das Produkt diese beiden Anforderungen, darf es mit der CE-Kennzeichnung versehen werden.

Auf europäischer Ebene gelten folgende Regelungen zum Inverkehrbringen und zur Inbetriebnahme: Nach Art. 2 der Richtlinien 90/385/EWG, 93/42/EWG und 98/79/EG sind die Mitgliedstaaten dazu verpflichtet, dass Medizinprodukte nur in Verkehr gebracht und in Betrieb genommen werden, „wenn sie bei sachgemäßer Lieferung, Installation, Instandhaltung und ihrer Zweckbestimmung entsprechender Verwendung die Anforderungen dieser Richtlinie erfüllen" (Art. 2 der RiLi 90/385/EWG; Art. 2 der RiLi 93/42/EWG; Art. 2 der RiLi 98/79/EG). Dies beinhaltet, dass die Produkte die Grundlegenden Anforderungen nach Anhang I der jeweiligen Richtlinie erfüllen müssen. Art. 4 unterbindet, dass Mitgliedstaaten das Inverkehrbringen und die Inbetriebnahme von Produkten behindern, die die CE-Kennzeichnung tragen und somit einer Konformitätsbewertung unterzogen wurden.

Der deutsche Gesetzgeber legt, noch bevor er die Voraussetzungen für das Inverkehrbringen definiert, in § 4 MPG Verbote zum Schutz von Patienten, Anwendern und Dritten fest. Diese basieren auf Art. 2 der Richtlinien 93/42/EWG, 90/385/EWG und den in Anhang I der Richtlinien definierten Grundlegenden Anforderungen (Deutsch, Lippert, Ratzel & Tag, 2010, S. 95).

„(1) Es ist verboten, Medizinprodukte in den Verkehr zu bringen, zu errichten, in Betrieb zu nehmen, zu betreiben oder anzuwenden, wenn

1. der begründete Verdacht besteht, dass sie die Sicherheit und die Gesundheit der Patienten, der Anwender oder Dritter bei sachgemäßer Anwendung, Instandhaltung und ihrer Zweckbestimmung entsprechender Verwendung über ein nach den Erkenntnissen der medizinischen Wissenschaften vertretbares Maß hinausgehend unmittelbar oder mittelbar gefährden oder

2. das Datum abgelaufen ist, bis zu dem eine gefahrlose Anwendung nachweislich möglich ist.

(2) Es ist ferner verboten, Medizinprodukte in den Verkehr zu bringen, wenn sie mit irreführender Bezeichnung, Angabe oder Aufmachung versehen sind. Eine Irreführung liegt insbesondere dann vor, wenn

1. Medizinprodukten eine Leistung beigelegt wird, die sie nicht haben,

2. fälschlich der Eindruck erweckt wird, dass ein Erfolg mit Sicherheit erwartet werden kann oder dass nach bestimmungsgemäßem oder längerem Gebrauch keine schädlichen Wirkungen eintreten,

3. zur Täuschung über die in den Grundlegenden Anforderungen nach § 7 festgelegten Produkteigenschaften geeignete Bezeichnungen, Angaben oder Aufmachungen verwendet werden, die für die Bewertung des Medizinproduktes mitbestimmend sind" (§ 4 MPG).

Der erste Teil des § 4 MPG zielt auf die Sicherheit und Gesundheit von Patienten, Anwendern oder Dritten ab. Das mit dem Einsatz des Medizinprodukts verbundene Risiko soll auf ein vertretbares Maß reduziert werden. Der zweite Teil verbietet gezielte Täuschung in Bezug auf Leistung, Sicherheit und Produkteigenschaften, die sich auf die Bewertung des Medizinprodukts auswirken und dient primär dem Schutz der Anwender (Deutsch, Lippert, Ratzel & Tag, 2010, S. 95).

Im deutschen Recht werden in § 6 MPG die Voraussetzungen für das Inverkehrbringen und die Inbetriebnahme beschrieben. Hierfür muss das Produkt mit einer CE-Kennzeichnung ausgestattet worden sein und die Grundlegenden Anforderungen nach § 7 MPG erfüllen. § 7 verweist auf die Anhänge I der jeweils geltenden EU-Richtlinie. Außerdem muss das jeweilige Konformitätsbewertungsverfahren durchgeführt worden sein.

Grundlegende Anforderungen

Die Grundlegenden Anforderungen sind im Anhang I der jeweils geltenden europäischen Richtlinien definiert. Es gelten also unterschiedliche Anforderungen, je nachdem ob es sich um In-vitro-Diagnostika, aktive implantierbare oder sonstige Medizinprodukte handelt.

Gemeinsam ist allen, dass zuerst Allgemeine Anforderungen definiert werden, bevor Anforderungen an die Auslegung und die Herstellung (In-vitro-Diagnostika) bzw. die Konstruktion (aktive implantierbare und sonstige Medizinprodukte) definiert werden. Die Allgemeinen Anforderungen betreffen primär die Sicherheit und die Leistung des Medizinprodukts und dienen dem Schutz von Patienten, Anwendern oder Dritten (Deutsch, Lippert, Ratzel & Tag, 2010, S. 111).

Beispielhaft für die Allgemeinen Anforderungen der jeweiligen Richtlinien werden im folgenden Teil die Allgemeinen Anforderungen für sonstige Medizinprodukte nach der Richtlinie 93/42/EWG Anhang I beschrieben:

1) Produkte dürfen bei vorgesehener Bedienung die Sicherheit des Patienten, der Anwender oder Dritter nicht gefährden. Etwaige Risiken müssen gemessen am Nutzen vertretbar sein. Insbesondere werden hier eine Verringerung von Anwenderfehlern und die Berücksichtigung der Sachkenntnis des Anwenders hervorgehoben.

2) Schon während der Entwicklung und des Baus des Produkts müssen etwaige Risiken beseitigt oder minimiert werden. Ggf. müssen auch Schutzmaßnahmen gegen bestehende nicht zu beseitigende Risiken getroffen werden und die Benutzer über die Restrisiken informiert werden.

3) Die Produkte müssen die vom Hersteller angegebenen Leistungen erbringen.

4) Während der Lagerung, dem Transport oder unter normalen Einsatzbedingungen dürfen sich die oben genannten Merkmale während der vom Hersteller genannten Lebensdauer nicht so verändern, dass sie die Sicherheit der Patienten oder Dritter gefährden.

5) In einer ‚klinische Bewertung' nach Anhang X muss die Übereinstimmung mit den Grundlegenden Anforderungen nachgewiesen werden.

Die klinische Bewertung basiert auf klinischen Daten. Nach Anhang X 93/42/ EWG kann die Übereinstimmung mit den Grundlegenden Anforderungen auf Basis von drei Quellentypen basieren:

a) einschlägiger wissenschaftlicher Literatur, wobei die Gleichartigkeit des Produkts nachgewiesen werden muss,

b) allen durchgeführten klinischen Prüfungen oder

c) einer Kombination der beiden.

„Bei implantierbaren Produkten und bei Produkten der Klasse III sind klinische Prüfungen durchzuführen, es sei denn die Verwendung bereits bestehender klinischer Daten ist ausreichend gerechtfertigt" (Anhang X Satz 1.1a 93/42/EWG).

Die klinischen Daten, die die Übereinstimmung mit den Grundlegenden Anforderungen ermöglichen sollen, müssen in der ‚technische Dokumentation' zusammengestellt werden (Alzner, 2008, S. 1561). Sowohl die klinische Bewertung als auch die Dokumentation müssen auf Grundlage der durch die Überwachung erhaltenen Daten aktiv auf dem neuesten Stand gehalten werden. „Die Regelung für die Durchführung klinischer Prüfungen folgt im Wesentlichen den Regeln, die bei der klinischen Prüfung von Arzneimitteln bereits seit Jahren angewendet werden. Prüfungen dürfen am Probanden oder Patienten nur mit dessen Einwilligung durchgeführt werden. Mit der klinischen Prüfung darf erst begonnen werden, wenn das Bundesinstitut für Arzneimittel und Medizinprodukte (BfArM) sie genehmigt und eine nach Landesrecht zu bildende Ethikkommission dazu eine zustimmende Bewertung abgegeben hat. Damit ergibt sich eine weitgehende Angleichung der Verfahren bei der Durchführung klinischer Prüfungen mit Arzneimitteln und Medizinprodukten" (Deutsch, Lippert, Ratzel & Tag, 2010, S. 47). Auch die Übereinstimmung mit den gruppenspezifischen Anforderungen, im Fall der sonstigen Medizinprodukte die Anforderungen an Auslegung und Konstruktion, müssen durch die klinische Bewertung nachgewiesen werden.

Nach Anhang I 93/42/EWG sind die Anforderungen an Auslegung und Konstruktion für sonstige Medizinprodukte folgenden Kategorien zugeordnet:

- Chemische, physikalische und biologische Eigenschaften

- Infektionsrisiko und mikrobielle Kontamination

- Eigenschaften im Hinblick auf die Konstruktion und die Umgebungsbedingungen

  a. Spezielle Anforderungen an Produkte mit Messfunktion

  b. Schutz vor Strahlungen

  c. Anforderungen an Produkte mit externer oder interner Energiequelle

  d. Bereitstellung von Informationen durch den Hersteller

Konformitätsbewertungsverfahren

Auf europäischer Ebene regeln Art. 9 98/79/EG (In-vitro-Diagnostika), Art. 9 90/385/EWG (aktive implantierbare medizinische Geräte) und Art. 11 der Richtlinie 93/42/EWG (sonstige Medizinprodukte) das zur Erlangung der CE-Kennzeichnung notwendige Konformitätsbewertungsverfahren. Diese Artikel verweisen wiederum auf die jeweils geltenden Anhänge. Um festzustellen, welche Anforderungen genau erfüllt sein müssen, muss zwischen den verschiedenen Arten

(In-vitro-Diagnostika, aktive implantierbare und sonstige Medizinprodukte) unterschieden werden.

Innerhalb der sonstigen Medizinprodukte gibt es wiederum verschiedene Klassen, die den Umfang des Konformitätsbewertungsverfahrens festlegen: „Die Klassifizierungsregeln basieren auf der Verletzbarkeit des menschlichen Körpers und berücksichtigen die potentiellen Risiken im Zusammenhang mit der technischen Auslegung der Produkte und mit ihrer Herstellung" (Erw. der RiLi 93/42/EWG). Art. 8 93/42/EWG definiert, dass die Medizinprodukte in die Klassen I, IIa, IIb und III einzustufen sind. Generell gilt: Je höher die Verletzbarkeit und das potenzielle Risiko, desto höher die Klasse. Die genauen Regeln sind im Anhang IX 93/42/EWG definiert.

Während für das Konformitätsbewertungsverfahren für Produkte der Klasse I generell nur der Hersteller verantwortlich ist, muss ab Klasse IIa eine sogenannte Benannte Stelle mit beteiligt werden (Erw. der RiLi 93/42/EWG).

Die Aufgaben der Benannten Stelle sind in den jeweiligen Anhängen definiert und hängen von dem jeweils durchzuführenden bzw. vom Hersteller gewählten Konformitätsbewertungsverfahren ab. Die Benannten Stellen sind unabhängige, privatwirtschaftlich agierende Prüf- und Zertifizierungsstellen, die von den jeweiligen Mitgliedsstaaten autorisiert werden (BMG, 2010, S. 7). Sie haben zur Aufgaben „durchgeführte Konformitätsbewertungen des Herstellungsprozesses im Auftrag eines Herstellers zu überprüfen und deren Korrektheit [...] zu bescheinigen" (Alzner, 2008, S. 1559). Dem Hersteller steht die Wahl der jeweiligen Benannten Stelle frei. Er kann aus ca. 60 dieser Stellen im gesamten EWR wählen. Die Mitgliedsstaaten sind dafür zuständig, dass die Mindestanforderungen, die eine Benannte Stelle nach Anhang IX 98/79/EG bzw. Anhang XI 93/42/EWG erfüllen muss, eingehalten werden. In Deutschland werden die Benannten Stellen von der Zentralstelle der Länder für Sicherheitstechnik (ZLG) benannt (ZLG, 2015; ZLS, 2014; BMG, 2010). Die Kommission veröffentlicht im „Amtsblatt der Europäischen Gemeinschaften" ein Verzeichnis der Benannten Stellen und die Aufgaben, für die sie benannt sind (Art. 15 der RiLi 98/79/EG; Art. 16 der RiLi 93/42/EWG).

Der Hersteller kann zwischen verschiedenen Konformitätsbewertungsverfahren wählen. Welchen Prozeduren bei den Konformitätsbewertungsverfahren bei welchen Produkten genau zu folgen sind, ist in Tabelle 5 aufgelistet. In den verschiedenen Richtlinien werden mit den gleichen Begriffen unterschiedliche Sachverhalte beschrieben: Beispielsweise variiert der Inhalt der EU-Konformitätserklärung oder die Beschreibung des vollständigen Qualitätssicherungssystems zwischen den Richtlinien.

Die hierfür verwendeten Begrifflichkeiten sind im Folgenden für sonstige Medizinprodukte nach RiLi 93/42/EWG kurz erklärt:

Bei einem vollständigen Qualitätssicherungssystem stellt der Hersteller sicher, dass ein zuvor genehmigtes Qualitätssicherungssystem angewandt wird. In Abschnitt 4 ‚Prüfung der Produktauslegung' werden Unterlagen verlangt, aus denen „die Auslegung, die Herstellung und die Leistungsdaten [...] hervorgehen" (Anhang II RiLi 93/42/EWG). Die EG-Baumusterprüfung beschreibt ein Verfahren, mit dem überprüft wird, dass ein „repräsentatives Exemplar den einschlägigen Bestimmungen [...] entspricht." (Anhang III RiLi 93/42/EWG). Über die EG-Prüfung gewährleistet der Hersteller, dass seine Produkte mit dem über die Baumusterprüfung geprüften Produkt übereinstimmen. Dies kann über die Überprüfung von Stichproben erfolgen (Anhang IV RiLi 93/42/EWG). Mit Hilfe der Qualitätssicherung Produktion stellt der Hersteller sicher, dass das genehmigte Qualitätssicherungssystem angewandt wird (Anhang V RiLi 93/42/EWG) und über die Qualitätssicherung Produkt, dass „das genehmigte Qualitätssicherungssystem für die Endkontrolle des Produkts" angewandt wird (Anhang VI RiLi 93/42/EWG). In der EG-Konformitätserklärung stellt der Hersteller ohne externe Überprüfung sicher, dass er den geforderten Verpflichtungen nachkommt (Anhang VII RiLi 93/42/EWG).

In deutschem Recht regelt die Medizinprodukteverordnung (MPV) als Rechtsverordnung zu § 6 Abs. 2 MPG die Einzelheiten des Konformitätsbewertungsverfahren (Deutsch, Lippert, Ratzel & Tag, 2010, S. 182). Auch in der MPV wird wieder auf die jeweils geltenden Anhänge der EU Richtlinien verwiesen.

Tabelle 5: Übersicht über die für das Konformitätsverfahren relevanten Anhänge

Gruppe des Medizinprodukts	Für das Konformitätsbewertungsverfahren relevante Anhänge in den jeweiligen Richtlinien

In-vitro-Diagnostika
 	
Art. 9 98/79/EG
	▪ Anhang III (EG- Konformitätserklärung)
	
	▪ für in Liste A Anhang II genannte Produkte[5]:
	  a) Anhang IV (vollständiges Qualitätssicherungssystem) oder
	  b) Anhang V (EG-Baumusterprüfung) in Verbindung mit Anhang VII (Qualitätssicherung Produktion)
	
	▪ für in Liste B Anhang II genannte Produkte[6]:
	
	▪ Anhang IV (vollständiges Qualitätssicherungssystem)
	  a) Anhang V (EG-Baumusterprüfung) in Verbindung mit:
	  b) Anhang VI (EG-Prüfung) oder
	  c) Anhang VII (Qualitätssicherung Produktion)
	
	▪ bei Produkten für Leistungsbewertungszwecke gilt Anhang VIII (Verfahren für Leistungsbewertungszwecke)

---

5 „Reagenzien und Reagenzprodukte, einschließlich der entsprechenden Kalibrier- und Kontrollmaterialien, zur Bestimmung folgender Blutgruppen: ABNull-System, Rhesus (C, c, D, E, e), Kell-System [und] zum Nachweis, zur Bestätigung und zur quantitativen Bestimmung von Markern von HIV-Infektionen (HIV 1 und 2), HTLV I und II sowie Hepatitis B, C und D in Proben menschlichen Ursprungs". (Anhang II Liste A der RiLi 98/79/EG)

6 „Reagenzien und Reagenzprodukte, einschließlich der entsprechenden Kalibrier- und Kontrollmaterialien, zur Bestimmung folgender Blutgruppen: Duffy-System, Kidd-System [...],zur Bestimmung irregulärer Anti-Erythrozyten-Antikörper [...], zum Nachweis und zur quantitativen Bestimmung folgender angeborener Infektionen in Proben menschlichen Ursprungs: Röteln, Toxoplasmose [...], zum Nachweis [von] Phenylketonurie [...], Zytomegalievirus, Chlamydien [...], zur Bestimmung folgender HLA-Gewebetypen: DR, A, B [...] zum Nachweis [von] PSA [...], Reagenzien und Reagenzprodukte, einschließlich der entsprechenden Kalibrier- und Kontrollmaterialien, und Software, die spezifisch zur Schätzung des Risikos von Trisomie 21 bestimmt sind [...] [und f]olgende Produkte zur Eigenanwendung, einschließlich der entsprechenden Kalibrier- und Kontrollmaterialien: Produkt zur Blutzuckerbestimmung". (Anhang II Liste B der RiLi 98/79/EG).

Gruppe des Me- dizinprodukts	Für das Konformitätsbewertungsverfahren relevante Anhänge in den jeweiligen Richtlinien
aktive implan- tierbare medizi- nische Geräte Art. 9 90/385/EWG	▪ Anhang II (EG-Konformitätserklärung (vollständiges Qualitätssicherungssystem)) oder ▪ Anhang III (EG-Baumusterprüfung) in Verbindung mit a) Anhang IV (EG-Prüfung) oder b) Anhang V (EG-Erklärung zur Übereinstimmung mit dem Baumuster) ▪ Anhang VI (Erklärung bei Sonderanfertigungen)
sonstige Medi- zinprodukte Art. 11 93/42/EWG	Für Klasse I Produkte: ▪ Anhang VII (EG-Konformitätserklärung) in Verbindung mit vom Hersteller ausgefüllter EG-Konformitätserklärung und ▪ für sterile Produkte folgende Anhänge (nur für die Herstellungsschritte im Zusammenhang mit der Sterilisation und deren Aufrechterhaltung): a) Anhang II (vollständiges Qualitätssicherungssystem) oder b) Anhang IV (EG-Prüfung) oder c) Anhang V (Qualitätssicherung Produktion) oder d) Anhang VI (Qualitätssicherung Produkt) ▪ für Produkte mit Messfunktion (nur für Herstellungsschritte im Zusammenhang mit der Konformität der Produkte mit den messtechnischen Anforderungen): a) Anhang II (vollständiges Qualitätssicherungssystem) oder b) Anhang IV (EG-Prüfung) oder c) Anhang V (Qualitätssicherung Produktion) oder d) Anhang VI (Qualitätssicherung Produkt) Für Klasse IIa Produkte: ▪ Anhang VII (EG-Konformitätserklärung) in Verbindung mit a) Anhang IV (EG-Prüfung) oder b) Anhang V (Qualitätssicherung Produktion) oder

Gruppe des Medizinprodukts	Für das Konformitätsbewertungsverfahren relevante Anhänge in den jeweiligen Richtlinien
	c) Anhang VI (Qualitätssicherung Produkt) oder ■ Anhang II (vollständiges Qualitätssicherungssystem) (ohne Abschnitt 4 ‚Prüfung der Produktauslegung') Für Klasse IIb Produkte: ■ Anhang II (vollständiges Qualitätssicherungssystem) (ohne Abschnitt 4 ‚Prüfung der Produktauslegung') ■ Anhang III (EG-Baumusterprüfung) in Verbindung mit: a) Anhang IV (EG-Prüfung) oder b) Anhang V (Qualitätssicherung Produktion) oder c) Anhang VI (Qualitätssicherung Produkt) Für Klasse III Produkte: ■ Anhang II (vollständiges Qualitätssicherungssystem) ■ Anhang III (EG-Baumusterprüfung) in Verbindung mit a) Angang IV (EG-Prüfung) oder b) Anhang V (Qualitätssicherung Produktion) Für Sonderanfertigungen und für die klinische Prüfungen bestimmter Produkte: ■ Anhang VIII (Erklärung zu Produkten für Besondere Zwecke)

Das durch § 37 MPG zur Umsetzung der EU Richtlinien ermächtigte Bundesministerium für Gesundheit hat folgende Übersicht über die verschiedenen Klassen der sonstigen Medizinprodukte herausgegeben:

„Klasse I – geringe Gefahr (z. B. Mundspatel, Gehhilfe, Kühlakku). Die Bewertungsverfahren können unter alleiniger Verantwortung der Hersteller durchgeführt werden.

Klasse IIA – mittlere Gefahr (z. B. Ultraschallgeräte, Zahnfüllstoffe, Röntgen-filme). Die Intervention einer Benannten Stelle in der Produktionsphase ist obligatorisch. Dies gilt auch für Produkte der Klasse I mit Messfunktion (z. B. Fieberthermometer) oder Klasse I- Produkte, die steril zur Anwendung kommen.

Klasse IIB - mittlere Gefahr (z. B. Röntgengeräte, Zahnimplantate, Überwachungsmonitore, externe Defibrillatoren). Die Produkte dieser Klasse haben ein hohes Gefahrenpotenzial. Die Inspektion durch eine Benannte Stelle ist in Bezug auf die Auslegung und die Herstellung der Geräte gefordert.

Klasse III - hohe Gefahr (z. B. Hüftimplantate, Herzklappen, Produkte mit unterstützenden Arzneimitteln, Herz-Lungen-Maschinen). Diese Produkte unterliegen der strengsten Bewertung durch die Benannten Stellen, einschließlich der klinischen Daten und Analyse der technischen Dokumentation der einzelnen Produkte sowie des gesamten Designs der Produkte. Für aktive Implantate (z. B. Herzschrittmacher, Defibrillatoren, Cochleaimplantate) sind die gleichen strengen Konformitätsbewertungsverfahren durchzuführen" (BMG, 2010, S. 3).

Die Aufgaben der Benannten Stelle sind im deutschen Recht unter § 3 Abs. 20 MPG wie folgt definiert: Die „Benannte Stelle ist eine für die Durchführung von Prüfungen und Erteilung von Bescheinigungen im Zusammenhang mit Konformitätsbewertungsverfahren nach [der MPV] vorgesehene Stelle, die der Europäischen Kommission und den Vertragsstaaten des Abkommens über den Europäischen Wirtschaftsraum von einem Vertragsstaat des Abkommens über den Europäischen Wirtschaftsraum benannt worden ist" (§ 3 Abs. 20 MPG).

Prüfungen nach dem Inverkehrbringen

In Deutschland ist die Medizinprodukteüberwachung Aufgabe der Länder. Der gesamte Lebensweg von Medizinprodukten wird dabei überwacht. Hierzu dürfen die mit der Überwachung beauftragten Personen die jeweiligen Räumlichkeiten besichtigen, Medizinprodukte prüfen, Unterlagen einsehen und Personen befragen, deren Tätigkeit überwacht werden muss. „[Z]um Schutze der Gesundheit und zur Sicherheit von Patienten, Anwendern und Dritten vor Gefahren durch Medizinprodukte" (§ 28 Abs. 1 MPG) kann die zuständige Behörde sowohl repressiv als auch präventiv tätig werden.[7] Mögliche Sanktionen reichen bis zu der Schließung des Betriebs (Deutsch, Lippert, Ratzel & Tag, 2010, S. 305 ff.; §§ 26, 28 MPG).

Die genauen Aufgaben, denen die zuständigen Behörden nachkommen müssen, sind in der Medizinprodukte-Durchführungsvorschrift (MPGVwV) festgelegt.

---

[7] Eine Ausnahme bilden Medizinprodukte, die ionisierende Strahlen erzeugen oder in denen radioaktive Stoffe enthalten sind (§ 28 Abs. 1 MPG).

Zusätzlich werden in dieser Vorschrift die obersten Landesbehörden aufgefordert ein sogenanntes Rahmenüberwachungsprogramm festzulegen, das eine europaweite Marktüberwachung und die Kontrolle von europaweit eingeführten Produkten nach Kapitel 3 der Verordnung (EG) Nr. 765/2008 ermöglicht. Ein Schwerpunkt wird hierbei auf die Inspektion und Probennahme gelegt (§ 3 MPGVwV; Art. 19 der VO (EG) Nr. 765/2008).

Die Zentrale Koordinierung der Überwachung nach Verordnung (EG) Nr. 765/2008 Art. 17 ff. nimmt für Medizinprodukte in Deutschland die ZLG wahr. Diese überwacht auch die für Medizinprodukte Benannten Stellen und ist somit die zentrale Koordinierungsstelle für die Medizinprodukteüberwachung (ZLG, 2015; ZLS, 2014; BMG, 2010). Außerdem ist sie „u.a. für die Weiterentwicklung des Qualitätssicherungssystems der Medizinprodukteüberwachung zuständig [...] (§ 9 MPGVwV)" (ZLG, 2015a).

Neben diesem System zur Überwachung von Medizinprodukten, gibt es auch eine Meldepflicht von auftretenden Vorkommnissen. Die europarechtlichen Anforderungen zu den Meldepflichten der Akteure sind in Artikel 10 93/42/EWG, Artikel 8 90/385/EWG und Artikel 11 98/79/EG für die jeweiligen Produktarten weitestgehend identisch vorgegeben.

Nach deutschem Recht sind die Prüfungen und Meldepflichten nach dem Inverkehrbringen größtenteils in der Medizinprodukte-Sicherheitsplanverordnung (MPSV) geregelt. „(1) Diese Verordnung regelt die Verfahren zur Erfassung, Bewertung und Abwehr von Risiken im Verkehr oder im Betrieb befindlicher Medizinprodukte. (2) Zweck der Verordnung ist es, für einen wirksamen Schutz von Patienten, Anwendern und Dritten vor Risiken zu sorgen" (§ 1 MPSV). Sind die Medizinprodukte zur klinischen Prüfung bestimmt oder handelt es sich um In-vitro-Diagnostika für Leistungsbewertungszwecke, findet die MPSV keine Anwendung (Deutsch, Lippert, Ratzel & Tag, 2010, S. 328).

Zentrale Sammelstelle der zu meldenden Vorkommnisse ist das BfArM oder das PEI. Neben der Sammlung der Daten führen sie eine Risikobewertung derselben durch oder lassen diese durchführen (§ 8 MPSV). Die Ergebnisse müssen dann an die zuständigen Behörden der Länder, an das DIMDI und bei einer externen Überprüfung auch wieder an die oberste Bundesbehörden weitergeleitet werden.[8] Konkrete Maßnahmen dürfen sie jedoch nicht ergreifen. Dies liegt im Zuständigkeitsbereich der jeweiligen Behörden der Länder (§ 8 MPSV; Deutsch, Lippert, Ratzel & Tag, 2010, S. 326 ff.). Ein Hersteller oder sein Bevollmächtigter nach § 5 MPG müssen eigenverantwortlich korrektive Maßnahmen treffen

---

[8] Der Bericht an das DIMDI muss in einer Form erfolgen, dass er in die Europäische Datenbank überführt werden kann.

und durchführen. Dies reicht bis hin zu einem schnellen und zuverlässigen Rückruf (§ 13 MPSV).

Meldepflichtig sind Vorkommnisse, die in Deutschland auftreten und in Deutschland durchgeführte Rückrufe. Verantwortlich hierfür ist der Hersteller oder sein Bevollmächtigter nach § 5 MPG. Es müssen aber auch die Betreiber und Anwender von Medizinprodukten bei ihnen aufgetretene Vorkommnisse melden sowie Ärzte und Zahnärzte und andere offiziell ernannte Institutionen im Gesundheitswesen, wenn sie diese bei ihren Patienten feststellen oder über sie informiert werden. Falls die Vorkommnisse oder Rückrufe in anderen Ländern des EWR stattfinden, müssen der Hersteller oder sein Bevollmächtigter nach § 5 MPG die dort zuständigen Behörden informieren (§ 3 MPSV). Vorkommnisse, die außerhalb des EWR stattfinden, muss der Hersteller oder sein Bevollmächtigter nach § 5 MPG nur dann melden, wenn sie zu korrektiven Maßnahmen geführt haben und es sich um Medizinprodukte handelt, die sich im EWR in Verkehr befinden (Deutsch, Lippert, Ratzel & Tag, 2010, S. 332).

Die zuständige Bundesbehörde muss die jeweiligen Behörden der anderen EU Staaten, die Europäische Kommission und erforderlichenfalls auch weitere Staaten und internationale Organisationen über folgendes informieren:

▪ Aufgrund von gemeldeten Vorkommnissen durchgeführte Maßnahmen oder

▪ für erforderlich gehaltene Maßnahmen und

▪ die zugrundeliegenden Vorkommnisse (§ 21 MPSV).

3.1.3 Zusammenfassung und Vergleich

Generelle Unterschiede und Gemeinsamkeiten

Wie oben beschrieben müssen Arzneimittel in Deutschland (und der EU) zugelassen werden, bevor sie in den Verkehr gebracht werden dürfen. Bei dieser Zulassungspflicht handelt es sich um ein sogenanntes ‚Verbot mit Erlaubnisvorbehalt'. Die für die Zulassung des jeweiligen Arzneimittels zuständige Bundesbehörde darf die Zulassung jedoch nur verweigern, wenn bestimmte Kriterien erfüllt sind. „Es ist der Zweck dieses Gesetzes, im Interesse einer ordnungsgemäßen Arzneimittelversorgung […] für die Sicherheit im Verkehr mit Arzneimitteln, insbesondere für die Qualität, Wirksamkeit und Unbedenklichkeit der Arzneimittel […] zu sorgen" (§ 1 AMG).

Medizinprodukte müssen hingegen andere Bedingungen erfüllen, um in Verkehr gebracht werden zu dürfen: Sie müssen die jeweiligen Grundlegenden Anforderungen erfüllen. Dies wird durch eine sog. Konformitätsbewertung überprüft. Diese Prüfung geschieht meist[9] durch sogenannte Benannte Stellen. Erfüllt das Produkt diese beiden Anforderungen, darf es mit der CE-Kennzeichnung versehen werden und im EWR in Verkehr gebracht werden. Der Zweck des Medizinproduktegesetzes ist es, den freien Warenverkehr innerhalb der Europäischen Union sicherzustellen. Dabei soll zum einen für die „Sicherheit, Eignung und Leistung der Medizinprodukte" (§ 1 MPG) sowie zum anderen für „die Gesundheit und den erforderlichen Schutz der Patienten, Anwender und Dritter" (§ 1 MPG) gesorgt werden (§ 1 MPG).

Während also Arzneimittel von Behörden zugelassen werden müssen, die die Qualität, Wirksamkeit und Unbedenklichkeit von Arzneimittel sicherstellen sollen, müssen bei Medizinprodukten die Hersteller Sicherheit, Eignung und Leistung sowie Gesundheit und den erforderlichen Schutz der Patienten, Anwender und Dritter sicherstellen und werden dafür teilweise durch Benannte Stellen überprüft. Ein weiterer bedeutender Unterschied ist, dass der Hauptzweck des AMG allein die Arzneimittelversorgung ist und im MPG die Sicherstellung des freien Warenverkehrs innerhalb der Europäischen Union an erster Stelle steht.

Verschiedene Arten der Zulassung von Arzneimitteln bzw. des Inverkehrbringens von Medizinprodukten

Sowohl bei Arzneimitteln als auch bei Medizinprodukten gibt es von Grund auf unterschiedliche Arten der Zulassung bzw. des Inverkehrbringens. Bei Arzneimitteln wird zwischen vier verschiedenen Zulassungsverfahren unterschieden. Diese sind die Nationale Zulassung, das Zentralisierte Zulassungsverfahren, das Verfahren der gegenseitigen Anerkennung und das Dezentralisierte Verfahren. Eine Zulassung kann also sowohl auf nationaler Ebene für einen bestimmten Staat, als auch bei bestimmten Produkten auf Europäischer Ebene für den gesamten EWR zugelassen werden. Des Weiteren kann eine bestehende nationale Zulassung ausgeweitet werden oder Arzneimittel dezentralisiert für den gesamten EWR oder bestimmte Staaten zugelassen werden.

Während bei Arzneimitteln die jeweilige Zulassungsart hauptsächlich den Geltungsbereich der Zulassung beeinflusst, gilt die Erlaubnis zum Inverkehrbringen bei Medizinprodukten immer für den gesamten EWR. Bei Medizinprodukten wird hingegen stark zwischen unterschiedlichen Gruppen differenziert. Es wird unterschieden zwischen In-vitro-Diagnostika, aktiven implantierbaren und sonstigen Medizinprodukten.

---

[9]   Einzige Ausnahme bilden die Medizinprodukten der Klasse I, bei denen die Prüfung durch eine Benannte Stelle optional ist (Erw. der RiLi 93/42/EWG).

Während sich die von Grund auf unterschiedlichen Arten der Zulassung bei Arzneimitteln also primär auf regionale Gültigkeiten der Zulassungen beziehen, sind diese bei den Medizinprodukten produktbezogen.

Unterlagen

Je nach Zulassungsform müssen bei Arzneimitteln unterschiedliche Unterlagen eingereicht werden. Am umfangreichsten sind die Unterlagen für den Vollantrag, weswegen diese im Folgenden kurz umrissen werden. Bei einem Vollantrag müssen Ergebnisse physikalischer, chemischer, biologischer oder mikrobiologischer Versuche und eine analytischen Prüfung eingereicht werden. Außerdem müssen die Ergebnisse der pharmakologischen und toxikologischen Versuche, die Ergebnisse der klinischen Prüfungen oder sonstigen ärztlichen, zahnärztlichen Erprobung mit eingereicht werden (§ 22 Abs. 2 AMG). Des Weiteren muss zur Zulassung das Pharmakovigilanz-System des Antragstellers beschrieben und ein Risikomanagementplan eingereicht werden sowie eine Beschreibung des geplanten Risikomanagementsystems (§ 22 Abs. 2 AMG).

Alle Medizinprodukte müssen Anforderungen nach Auslegung, also der Gestaltung von Bauteilen und Herstellung bzw. Konstruktion, sowie gruppenspezifische Anforderungen erfüllen. Im Rahmen der Grundlegenden Anforderungen wird auch eine klinische Bewertung verlangt. Die klinische Bewertung kann z. B. bei den sonstigen Medizinprodukten prinzipiell auf drei unterschiedliche Arten geschehen: Zum einen kann dies auf Basis einschlägiger wissenschaftlicher Literatur, wobei die Gleichartigkeit des Produkts nachgewiesen werden muss, zum anderen auf Basis aller durchgeführter klinischer Studien oder durch eine Kombination der beiden Ansätze erfolgen (Anhang X der RiLi 93/42/ EWG). Die Konformität mit den Grundlegenden Anforderungen für die meisten Gruppen muss von einer sogenannten Benannten Stelle bescheinigt werden.

Während also im AMG sehr spezifische Unterlagen und Versuchsreihen gefordert sind, sind diese im MPG weniger spezifisch geregelt.

An das Produkt angepasste Verfahren

Neben der regulären Zulassung für Arzneimittel gibt es noch weitere Varianten der Zulassung, die nur für bestimmte Produkte benutzt werden können. Diese sind meist Varianten des Vollantrags. Es kann neben dem Vollantrag zwischen folgenden besonderen Zulassungsformen unterschieden werden: Die generische Zulassung, der Hybrid-Antrag, die Bibliografische Zulassung, die Zulassung von Biosimilars, die Standardzulassung und die Zulassung für Orphan Drugs. Diese besonderen Zulassungsformen werden im Folgenden kurz beschrieben:

Generische Zulassung

Für Generika müssen die vorklinischen und klinischen Studien nicht eingereicht werden, es sei denn, es gibt hinsichtlich der Sicherheit und/oder der Wirksamkeit erhebliche Unterschiede.

Hybrid-Antrag

Ein Antrag auf die Zulassung von Generika wird Hybrid-Antrag genannt, wenn auf Grund von Nachweislücken noch zusätzliche Daten nachgereicht werden müssen.

Bibliografische Zulassung

Wenn ein Arzneimittel seit mindestens zehn Jahren verwendet wird und eine „anerkannte Wirksamkeit sowie ein annehmbarer Grad an Sicherheit" (Art. 10a der RiLi 2001/83/EG) vorhanden ist, kann auf die (vor-)klinischen Studien verzichtet werden. In diesem Fall reicht eine einschlägige wissenschaftliche Dokumentation aus.

Zulassung von Biosimilars

Wenn ein biologisches Arzneimittel einem biologischen Referenzarzneimittel ähnlich ist, aber nicht unter die Bestimmungen für Generika fällt, „weil insbesondere die Rohstoffe oder der Herstellungsprozess des biologischen Arzneimittels sich von dem des biologischen Referenzarzneimittels unterscheiden" (Art. 10 Abs. 4 der RiLi 2001/83/EG), so sind (vor-) klinische Studien notwendig, um zu zeigen, dass trotz dieser Abweichungen Wirksamkeit und Unbedenklichkeit des Arzneimittels verglichen mit dem Referenzarzneimittel nicht beeinflusst werden.

Standardzulassung

Im deutschen Recht wird eine Befreiung von der Pflicht zur Zulassung als Standardzulassung bezeichnet. Das Bundesministerium für Gesundheit kann Arzneimittel, bei denen eine „unmittelbare oder mittelbare Gefährdung der Gesundheit […] nicht zu befürchten ist, weil die Anforderungen an die erforderliche Qualität, Wirksamkeit und Unbedenklichkeit erwiesen sind" (§ 36 Abs. 1 AMG), von der Zulassungspflicht freistellen.

Orphan Drugs

Als Arzneimittel für seltene Leiden (Orphan Drugs) werden Arzneimittel bezeichnet, die schwere Leiden behandeln, von denen „in der Gemeinschaft nicht mehr als fünf von zehntausend Personen betroffen sind, oder […] ohne Anreize vermutlich nicht genügend Gewinn bringen würde, um die notwendigen Investitionen zu rechtfertigen" (Art. 3 Abs. 1 Buchstabe a der VO (EG) Nr. 141/2000). Für Orphan Drugs werden weniger Unterlagen gefordert und ein Marktexklusivrecht von sechs bis zehn Jahren gewährleistet.

Anders als bei Arzneimitteln gibt es bei Medizinprodukten verschiedene Konformitätsbewertungsverfahren. Welche Konformitätsbewertungsverfahren für ein bestimmtes Produkt verwendet werden dürfen, hängt stark von dem jeweiligen Produkt ab. Um die Übersichtlichkeit sicherzustellen, wird in diesem Teil nur auf sonstige Medizinprodukte eingegangen: Innerhalb der sonstigen Medizinprodukte gibt es verschiedene Klassen, die den Umfang des Konformitätsbewertungsverfahrens festlegen: „Die Klassifizierungsregeln basieren auf der Verletzbarkeit des menschlichen Körpers und berücksichtigen die potentiellen Risiken im Zusammenhang mit der technischen Auslegung der Produkte und mit ihrer Herstellung" (Erw. der RiLi 93/42/EWG).

Zur Differenzierung gibt es verschiedene Klassen, die grob nach dem jeweiligen Risiko geordnet sind. Medizinprodukte sind in die Klassen I, IIa, IIb und III einzustufen. Generell gilt: Je höher die Dauer des Verwendung, der Grad der Invasivität und die Gefahr, desto höher die Klasse (BMG, 2010, S. 3).

Während für das Konformitätsbewertungsverfahren für Produkte der Klasse I generell alleine der Hersteller verantwortlich ist, muss ab Klasse IIa eine sogenannte Benannte Stelle mit beteiligt werden (Erw. der RiLi 93/42/EWG).

Der Hersteller kann zwischen verschiedenen Konformitätsbewertungsverfahren wählen, wobei bisweilen das Produkt selber nicht geprüft werden muss.

Während also bei Arzneimitteln das vorhandene Wissen über Wirkweisen und im Fall der Arzneimittel für seltene Leiden die Anzahl der vom zu behandelnden Leiden betroffenen Personen bzw. der zu erwartende geringe Gewinn als Basis genommen werden, um Produktspezifische Zulassungsvarianten zuzulassen, wird bei Medizinprodukten die zu erwartende Gefahr für den Menschen als Grundlage zur Differenzierung verwendet.

Sicherheitsanforderungen nach der Zulassung bzw. nach dem Inverkehrbringen

Nach der Zulassung werden bei Arzneimitteln ein Pharmakovigilanz- und ein Risikomanagementsystem gefordert.

Neben der Einrichtung und dem Betrieb des Pharmakovigilanz-Systems, muss der Inhaber der Zulassung sicherstellen, dass sämtliche Informationen wissenschaftlich ausgewertet werden, Möglichkeiten, Risiken zu minimieren oder zu vermeiden, geprüft werden und erforderlichenfalls geeignete Maßnahmen unverzüglich ergriffen werden. Regelmäßige Audits sollen neben der Prüfung einer umfassenden Dokumentation, der Pharmakovigilanz-Stammdokumentation, auch sicherstellen, dass etwaige Mängel bei der Herstellung der Wirkstoffe beseitigt werden.

Des Weiteren muss der Inhaber der Zulassung die Ergebnisse der Maßnahmen zur Risikominimierung überwachen, das Risikomanagementsystem aktualisieren und die Pharmakovigilanz-Daten mit dem Ziel überwachen, neue Risiken zu identifizieren und Veränderungen bei bekannten Risiken oder dem Nutzen-Risiko-Verhältnis festzustellen.

In Deutschland sind die Prüfungen und Meldepflichten nach dem Inverkehrbringen bei Medizinprodukten größtenteils in der Medizinprodukte-Sicherheitsplanverordnung (MPSV) geregelt. Die gemeldeten Vorkommnisse werden von dem BfArM oder dem PEI gesammelt. Neben der Sammlung der Daten führen sie eine Risikobewertung derselben durch oder lassen diese durchführen (§ 8 MPSV). Die Ergebnisse müssen dann an die zuständigen Behörden der Länder, an die oberste Bundesbehörde und an das DIMDI weitergeleitet werden. Konkrete Maßnahmen dürfen sie jedoch nicht ergreifen. Dies liegt im Zuständigkeitsbereich der jeweiligen Behörden der Länder (§ 8 MPSV; Deutsch, Lippert, Ratzel & Tag, 2010, S. 326 ff.). Der Hersteller oder ihr Bevollmächtigter nach § 5 MPG müssen eigenverantwortlich korrektive Maßnahmen treffen und durchführen. Dies reicht bis hin zu einem schnellen und zuverlässigen Rückruf (§ 13 MPSV).

Die Struktur zur Überwachung der Sicherheit ist somit bei Arzneimitteln und Medizinprodukten ähnlich.

3.2 Experteninterviews und Schwachstellenanalyse

Tabelle 6 verdeutlicht, mit welcher Präsenz die verschiedenen Themen bei den jeweiligen Interessengruppen diskutiert wurden.

Wie in Tabelle 6 deutlich zu sehen ist, ist interessengruppenübergreifend Kritik an dem ‚Inverkehrbringen von Medizinprodukten generell‘, an den ‚Sicherheitsmaßnahmen nach dem Inverkehrbringen‘ und den ‚Medizinprodukteunterlagen‘ am dominantesten vertreten. Somit ist davon auszugehen, dass sie in dem öffentlichen Diskurs eine große Rolle spielen.

Bevor jedoch in die einzelnen Themengebiete und Perspektiven der verschiedenen Interessengruppen detailliert eingegangen wird, werden im nächsten Abschnitt zuerst die Interessengruppen und dann die für die Analyse verwendeten Dimensionen beziehungsweise Kategorien vorgestellt.

Tabelle 6: Präsenz der Themen nach Interessengruppen

	Anwender	Finanziers	Überwacher	Hersteller
Kritik am Inverkehrbringen von Medizinprodukten generell	+	+-	+	-
Kritik an Medizinprodukteunterlagen	+	+	-	-
Kritik an der Sicherheit der Medizinprodukte nach dem Inverkehrbringen	+-	+	+	-
Bewährte Vorgehensweisen bei dem Inverkehrbringen von Arzneimitteln generell	-	-	+-	+
Bewährte Vorgehensweisen bei dem Inverkehrbringen von Medizinprodukten generell	-	-	+	+-
Limitationen bei dem Inverkehrbringen von Medizinprodukten generell	-	-	+	-
Limitationen bei der Sicherheit nach dem Inverkehrbringen von Medizinprodukten	-	-	+	-
Verbesserungsvorschläge bei sonstigen Aspekten zu Arzneimitteln	-	-	-	+
Verbesserungsvorschläge für Medizinprodukteunterlagen	-	+-	+-	-
Verbesserungsvorschläge, die beide Systeme (AM/MP) Vereinen	+	-	-	-

Ein + bedeutet oberstes Drittel, +- mittleres Drittel und ein - unterstes Dritten der markierten Antworten pro Interessengruppe. In die Liste wurden nur diejenigen Themen aufgenommen, die bei mindestens einer Interessengruppe besonders häufig (top 3) genannt wurden

Interessengruppen

Anwender, Finanziers, Überwacher[10] und Hersteller wurden als relevante Interessengruppen festgelegt. Es folgt eine Beschreibung dieser Interessengruppen und wie der Kontakt jeweils aufgebaut wurde.

Anwender:
Unter diese Gruppe fallen die Interessenvertretungen der Anwender beziehungsweise Benutzer der Produkte. Zu dieser Gruppe gehören in erster Linie die Patienten. Die Bundesarbeitsgemeinschaft Selbsthilfe ist die Dachvereinigung der Patientenvertreter und wurde gebeten, geeignete Ansprechpartner zu identifizieren.

Finanziers:
Finanziers sind all jene Stakeholder, die für die Produkte direkt oder indirekt bezahlen. In Deutschland sind dies neben Privatkunden vor allem die Krankenkassen. Zur Identifikation von Interessenvertretern in diesem Bereich dienen sowohl für die Gesetzliche Krankenversicherung (GKV) als auch für die Private Krankenversicherung (PKV) die entsprechenden Dachverbände[11] als erste Anlaufstelle. Die jeweiligen PR Abteilungen und Politikabteilungen wurden gebeten, bei der Vermittlung geeigneter Interviewpartner zu helfen.

Überwacher:
Die Überwachung wird je nach Zulassungsverfahren von verschiedenen (inter-) nationalen Institutionen bzw. in Zuständigkeit der Bundesländer durchgeführt. Speziell für Deutschland ist für die Zulassung von Arzneimitteln und die Sammlung von Meldungen über Vorkommnisse bei Arzneimitteln und Medizinprodukten das Bundesinstitut für Arzneimittel und Medizinprodukte (BfArM) zuständig. Bei den Medizinprodukten überwacht in den meisten Verfahren die sogenannte Benannte Stelle das Konformitätsbewertungsverfahren, das zum Inverkehrbringen notwendig ist. In speziellen Anwendungsgebieten dienen Register der Erforschung der Produkte unter Alltagsbedingungen.

Das Kontaktformular des BfArM wurde benutzt, um die Vermittlung geeigneter Interviewpartner zu erbitten. Benannte Stellen wurden gebeten, Experten aus ihren Reihen zu identifizieren. Betreiber von Registern (z. B. Prothesenregister) wurden identifiziert und angeschrieben.

---

[10] Mit der Überwachung betraute Stellen
[11] Für die GKV ist dies der GKV-Spitzenverband und für die PKV der Verband der Privaten Krankenversicherung.

Hersteller:
Hierunter fallen Unternehmen, die in Deutschland Arzneimittel oder Medizin-produkte herstellen und vertreiben. Für die Pharmaunternehmen diente der vfa (Verband Forschender Arzneimittelhersteller e.V.) als erste Anlaufstelle, für die Medizinproduktehersteller ein Experte aus der Branche.

Wie im Kapitel 2.1.2. (S. 4) beschrieben, wurden Dachverbände, Firmen bezie-hungsweise Institutionen von Vertretern der Interessengruppen kontaktiert. Ins-gesamt wurden 16 Dachverbände, Firmen beziehungsweise Institutionen und 24 Mitarbeiter dieser Einrichtungen kontaktiert. Mit Ausnahme der Selbsthilfegrup-pen als Vertreter der Anwender und Betreiber von Registern konnte für jede Gruppe von Interessenvertretern mindestens ein Repräsentant für ein Interview gewonnen werden. Alle Teilnehmer wurden schriftlich über den Inhalt der Studie informiert. Anschließend wurde schriftlich die Einwilligung zur Aufnahme, Transkription, Anonymisierung und Auswertung eingeholt. Die Textbausteine hierzu befinden sich im Anhang. In nur einem Fall wurde der Aufnahme nicht zugestimmt. Dieser Fall wurde nachträglich aus der Analyse ausgeschlossen. Eine Übersicht der interviewten Interessenvertreter ist in Tabelle 7 zu finden.

Tabelle 7: Involvierte Interessengruppen

Interessen-gruppe	Institution	Themen-gebiete	Alphanumerische Codierung
Anwender	Fachanwalt	AM/MP	J1
	Arbeitskreis Medizinischer Ethik-Kommissionen in der Bundesrepublik Deutschland e.V.	AM/MP	E1
Finanziers	GKV-Spitzenverband	MP, AM/MP	G1, G2
	PKV Verband der privaten Krankenversicherung e.V.	AM	P1
Überwacher	BfArM	AM/MP	B2
	Benannte Stelle	MP (2x)	B1, T1
Hersteller	Arzneimittelhersteller	AM	A1
	Experte aus der Medizin-produkte-Branche	MP	B3

AM=Spezialist für Arzneimittel, MP=Spezialist für Medizinprodukte, AM/MP=Spezialist für beide Themengebiete

Tabelle 8: Übersicht über persönliche und Telefoninterviews

Persönliches Interview	Telefoninterview
G2	B2
B1	P1
J1	B3
G1	A1
E1	T1

Die Interviews wurden bevorzugt persönlich durchgeführt. In fünf Fällen war dies möglich, in fünf Fällen konnten aus terminlichen und aus Praktikabilitätsgründen keine persönlichen Interviews durchgeführt werden. Alternativ wurden Telefoninterviews durchgeführt (vgl. Tabelle 8).

Nach den Interviews wurden alle Interviewpartner gefragt, ob sie die transkribierten Texte noch einmal überprüfen wollen und ihnen diese, falls erwünscht, zur Überprüfung zugeschickt.

Coding-Kategorien

Zur Analyse des Textes wurden deduktiv Kategorien entwickelt, die sowohl bei den Arzneimitteln als auch bei den Medizinprodukten eine zentrale Rolle spielen. Diese wurden auch zur Gliederung der Ergebnisse in Kapitel 3.1.3. (S. 51) verwendet.

Tabelle 9 beinhaltet die Definitionen der jeweiligen Kategorien, die zur thematischen Gliederung verwendet wurden, und Tabelle 10 stellt die Kriterien dar, die zur Bewertung herangezogen wurden. Eine Langfassung inklusive der von Mayring (2010, S. 92) geforderten und in Kapitel 2.1 im Unterpunkt „Inhaltliche Strukturierung" (S. 12) beschriebenen Definitionen, Ankerbeispielen und Kodierregeln zu den einzelnen Kategorien sind im Anhang in Tabelle 15 und Tabelle 16 zu finden.

Tabelle 9: Gliederungskategorien

Kategorie	Definitionen
1. Inverkehrbringen (generell)	Diese Kategorie beinhaltet generelle Beschreibungen (incl. Bewertungen) der Prozesse zum Inverkehrbringen, die nicht spezifisch einer Produktgruppe (AM bzw. MP) zugeordnet werden können oder die diese vergleichen.
a. Arzneimittel	Generelle Bewertung der Zulassung von Arzneimitteln
b. Medizinprodukte	Generelle Bewertung des Prozesses zum Inverkehrbringen bei Medizinprodukten (sog. New Approach), incl. Benannter Stellen und Themen zu der Serviceorientiertheit.
2. Arten des Inverkehrbringens	Diese Kategorie beschreibt, welche von Grund auf unterschiedlichen Arten (Gruppen) des Inverkehrbringens es gibt, die nicht spezifisch einer Produktgruppe zugeordnet werden können oder die diese vergleichen.
a. Arzneimittel	Verschiedene Zulassungsverfahren (National, CP, DCP, MRP)
b. Medizinprodukte	In-vitro-Diagnostika, aktive, implantierbare Medizinprodukte und Sonstige Medizinprodukte
3. Unterlagen zum Inverkehrbringen	Diese Kategorie beschreibt, welche Unterlagen für das Inverkehrbringen notwendig sind, die nicht spezifisch einer Produktgruppe zugeordnet werden können oder die diese vergleichen.
a. Arzneimittel	Hierzu gehören Themen, die mit den Zulassungsunterlagen, den Unterlagen zum Pharmakovigilanz-System und dem Risikomanagementsystem zu tun haben.
b. Medizinprodukte	Hierzu gehören Themen, in denen es um die technische Dokumentation, Grundlegende Anforderungen, klinische Bewertung, Sicherheitsprüfung vor Inverkehrbringen, der Zweckbestimmung und den ISO-Normen geht.

Kategorie	Definitionen
4. An das Produkt angepasste Verfahren	Diese Kategorie beschreibt Verfahren, die es speziell nur für bestimmte Produktgruppen gibt und die diese vergleichen.
a. Arzneimittel	Hierzu gehören verschiedene Zulassungsformen (generische Zulassung, Hybrid-Antrag, Bibliografische Zulassung, Zulassung von Biosimilars, Standardzulassung, Orphan Drugs).
b. Medizinprodukte	Hierzu gehören an das Risiko des Produkts angepasste Verfahren und Themen, die mit der Differenzierung nach Risiko zu tun haben sowie Überlegungen zu verschiedenen Qualitätssicherungssystemen.
5. Sicherheitsanforderungen nach dem Inverkehrbringen	Diese Kategorie beschreibt, welche Sicherheitsanforderungen nach dem Inverkehrbringen existieren, die nicht spezifisch einer Produktgruppe zugeordnet sind oder die diese vergleichen, und wie diese umgesetzt werden.
a. Arzneimittel	Hierzu gehören insbesondere das Pharmakovigilanz-System und das Risikomanagementsystem.
b. Medizinprodukte	Hierzu gehören das Vigilanzsystem und die Überprüfung des Risikomanagementsystems (incl. Audits).
6. Sonstige Aspekte	Diese Kategorie sammelt die Aspekte, die der Interviewpartner auf die Frage, ob es noch weitere wichtige Aspekte gibt, genannt hat, sobald sie nicht in eine der oberen Kategorien fallen oder Bewertungen an anderen Stellen des Textes, die nicht in eine der oberen Kategorien fallen. In dieser Oberkategorie werden nur Aspekte gesammelt, die nicht spezifisch einer Produktgruppe zugeordnet sind oder die diese vergleichen.
a. Arzneimittel	Diese Kategorie sammelt sonstige Aspekte zu Arzneimitteln.
b. Medizinprodukte	Diese Kategorie sammelt sonstige Aspekte zu Medizinprodukten.

Bestimmte Themen wurden als Synthese/Synopse markiert. Diese Kategorie sammelt Textstellen, in denen eine mögliche Synthese/Synopse aus den verschiedenen Systemen vorgeschlagen/beschrieben wird.

Basierend auf diesen Definitionen können die beschriebenen Themengebiete zwischen Arzneimitteln und Medizinprodukten verglichen undnach den Kriterien in Tabelle 10 bewertet werden. In den folgenden Absätzen werden die Interviewergebnisse präsentiert. Sie sind nach den Interessengruppen der Anwender, Finanziers, Überwacher und Hersteller gegliedert.

Tabelle 10: Bewertungskriterien

Kriterium	Definitionen
Kritik am jetzigen Vorgehen	Hierbei handelt es sich um Kritik am jetzigen Vorgehen. Dieses beinhaltet als problematisch und subjektiv als unausgereift angesehenes, Sachverhalte, die nicht gut oder die nicht wie gefordert funktionieren (aus Sicht des Interviewpartners und/oder des Gesetzgebers), Schwachstellen oder Regelverstöße.
Bewährte Vorgehensweisen	Hierbei wird bestätigt, was bis jetzt gut funktioniert. Dies beinhaltet Abläufe, die gleich bleiben sollen, gut funktionieren und/oder als gut bewertet werden.
Limitationen	Dies ist ein Punkt im jetzigen oder im vorgeschlagenen System, der limitierend wirkt.
Verbesserungsvorschläge	Hierbei handelt es sich um einen Verbesserungsvorschlag (auch implizit).

3.2.1   Perspektiven der Anwender

Die Textanalyse der durchgeführten Interviews ergab, dass generelle Kritik zum Inverkehrbringen der Medizinprodukte in der Diskussion am präsentesten waren (19-mal genannt), gefolgt von Verbesserungsvorschlägen, die sowohl Vorgehensweisen bei Arzneimitteln als auch bei Medizinprodukten betreffen (14-mal) und Kritik an den Unterlagen zu Medizinprodukten (13-mal).

Der Hauptkritikpunkt bei dem Inverkehrbringen von Medizinprodukten ist die Zertifizierung durch privatrechtlich agierende Benannte Stellen und damit einhergehende Probleme. Beispielsweise wird kritisch gesehen, dass der Hersteller aus einer Vielzahl Benannter Stellen frei wählen kann und es generell zu leicht sei, Medizinprodukte auf den Markt zu bringen. Weitere Kritikpunkte richten sich gegen die Überwachung, mangelnde Sicherheitsstandards und Haftungsfragen.

Als Verbesserungen werden ein staatliches Zulassungssystem für Medizinprodukte, angesiedelt bei der EMA, eine Zentralisierung der Überwachung der Medizinprodukte in Deutschland beim BfArM und ein wirksamer Schutz vor Medizinprodukten, die sich nicht nachgewiesenermaßen positiv auf die Gesundheit der Patienten auswirken, gefordert. Gleichzeitig sollen Innovationen - vor allem solche, die Krankheiten wirklich heilen - und evidenzbasierte Medizin gefördert werden. Eine vertiefte Analyse der Stärken und Schwächen des Inverkehrbringens von Arzneimitteln und Medizinprodukten, mit dem Ziel die beiden Systeme dann mit ihren jeweiligen Stärken zu vereinheitlichen, wurde als sinnvoll angesehen.

Hauptkritikpunkt an den Unterlagen, die für das Inverkehrbringen von Medizinprodukten gefordert werden, ist die mangelnde Studienqualität der klinischen Studien: *„[D]ie Studien [...] haben in der Regel einen [...] Stichprobenumfang, der [...] für eine wirkliche Bewertung von Wirksamkeit, also vor allem von Verträglichkeit, sicher nicht ausreicht"* (E1).

Präsenz der Themenfelder in den Bewertungen

Wie in Tabelle 11 zu sehen, ist in allen Kategorien mit Ausnahme der Arten des Inverkehrbringens für Medizinprodukte die Kritik der Anwender an den Vorgehensweisen bei Medizinprodukten ausgeprägter, als bei Arzneimitteln. Themen, die als bewährt kategorisiert wurden, sind in den Themengebieten ‚Inverkehrbringen generell' sowie ‚Unterlagen zum Inverkehrbringen' und ‚Sicherheit nach dem Inverkehrbringen' auf der Arzneimittelseite präsenter als bei Medizinprodukten. Nur bei ‚angepassten Verfahren' sind bewährte Verfahren bei den Medizinprodukten präsenter. Limitationen sind bei Arzneimitteln und Medizinprodukten ähnlich präsent, mit kleinen Ausnahmen bei ‚Sicherheit nach dem Inverkehrbringen'. Hier werden für Arzneimittel und Arzneimittel-Unterlagen die relativen Bedeutungen höher eingestuft als bei Medizinprodukten. Mögliche Verbesserungen werden bei ‚Medizinprodukten generell', bei ‚angepassten Verfahren' und bei ‚Sicherheit nach dem Inverkehrbringen' von Medizinprodukten ausgeprägter diskutiert. Die Themen ‚Unterlagen zum Inverkehrbringen' und ‚Arten des Inverkehrbringens' hingegen werden bei Arzneimitteln intensiver erörtert.

Tabelle 11: Präsenz der Themenfelder in den Bewertungen bei den Anwendern

	Kritik	Bewährt	Limitati- onen	Verbesse- rung
Inverkehrbringen (generell)	6	4	0	1
Inverkehrbringen (generell)\AM-generell	0	3	0	1
Inverkehrbringen (generell)\MP-generell	19	1	1	4
Arten des Inverkehrbringens	0	0	0	0
Arten\AM-Arten	1	0	0	1
Arten\MP-Arten	0	0	0	0
Unterlagen zum Inverkehrbringen	2	1	0	0
Unterlagen\AM-Unterlagen	8	4	2	3
Unterlagen\MP-Unterlagen	13	1	0	1
An das Produkt angepasste Verfahren	0	0	0	0
An das Produkt angepasste Verfahren\AM-ange- passte Verfahren	0	0	0	1
An das Produkt angepasste Verfahren\MP-ange- passte Verfahren	4	2	0	3
Sicherheitsanforderungen nach dem Inverkehr- bringen	2	1	1	1
Sicherheitsanforderungen nach dem Inverkehr- bringen\AM-Sicherheit_nach_IV	5	3	3	2
Sicherheitsanforderungen nach dem Inverkehr- bringen\MP-Sicherheit_nach_IV	8	1	1	4
Sonstige Aspekte	4	2	1	3
Sonstige Aspekte\AM-Sonstiges	0	0	1	0
Sonstige Aspekte\MP-Sonstiges	0	0	0	0
Synthese/Synopse	7	1	1	14

Übergreifende Aussagen

In diesem Kapitel werden alle Aspekte aufgelistet, die von den Anwendern übergreifend, also sowohl zu Arzneimitteln als auch zu Medizinprodukten, genannt wurden. Auf der ersten Ebene wird zwischen Kritik am jetzigen Vorgehen, bewährten Vorgehensweisen, Limitationen und Verbesserungsvorschlägen unterschieden. In jeder dieser Bewertungskriterien wird noch nach generellen Aussagen zum Inverkehrbringen, verschiedenen Arten des Inverkehrbringens, Unterlagen zum Inverkehrbringen, an das jeweilige Produkt angepasste Verfahren, Sicherheitsanforderungen nach dem Inverkehrbringen, sonstigen Aspekten und wenn möglich nach Synthese/Synopse differenziert.

Kritik am jetzigen Vorgehen

Die Anwender sind sich einig, dass es sowohl bei den Arzneimitteln als auch bei den Medizinprodukten noch Verbesserungspotential gibt. Nichtsdestotrotz sind sich die Vertreter der Anwender auch einig, dass es bei den Arzneimitteln nicht so viele problematische Regelungen wie bei Medizinprodukten gibt. Begrifflichkeiten und Abläufe sollten bei beiden Arten des Inverkehrbringens harmonisiert werden. Einen Interviewpartner (im folgenden E1 genannt) stört, dass Arzneimittel und Medizinprodukte so unterschiedlich geregelt sind. E1s persönliche Meinung ist, dass der Arzneimittelbereich überreguliert sein könnte und manche Teile des Arzneimittelgesetztes anti-innovativ sein könnten.

E1 bemängelt außerdem, dass es sowohl bei Arzneimitteln als auch bei Medizinprodukten Unternehmen gibt, die groß genug sind, groß angelegte Studien zu finanzieren und kann nicht einsehen, warum es zwei unterschiedliche Systeme gibt. Er fragt sich, warum bei Arzneimitteln große Studien vom Gesetzgeber verlangt werden können, bei Medizinprodukten hingegen nicht. *„Sie müssen davon ausgehen, für eine Arzneimittelzulassung im europäischen Raum hat man sicher im Durchschnitt Erfahrung mit 1500 Patienten gesammelt. Dass Medizinprodukte zum Zeitpunkt der Erteilung des CE-Kennzeichens 1500 Patienteneinsätze bereits hinter sich [haben], das möchte ich mal sehen"* (E1). E1 beschreibt außerdem, dass das öffentliche Interesse bei den Medizinprodukten geringer ist, da es bei diesen Produkten noch nicht so große Skandale wie bei den Arzneimitteln gab. Er bezweifelt aber, dass es an der höheren Qualität der Medizinprodukte liegt, sondern eher an der geringeren Wachsamkeit z. B. von Ärzten und Verbrauchern.

Bewährte Vorgehensweisen

Laut E1 ist die Sicherstellung der Wirksamkeit und Verträglichkeit bei der Zulassung von Arzneimitteln besser geregelt als bei Medizinprodukten. Die Zulassung durch eine Behörde bei den Arzneimitteln hat den Vorteil, dass hinter einer

Behörde eine politische Verantwortung steht. Ein weiterer Interviewpartner (J1) schätzt die Zulassung bei Arzneimitteln (auch aufgrund des Stufenplanbeauftragten) als sicherer ein als das Inverkehrbringen von Medizinprodukten. Für Medizinprodukte fordert er klar definierte Unterlagen, die zum Inverkehrbringen einzureichen sind, so wie sie sich bei Arzneimitteln bewährt haben.[12] Er hält es für sinnvoll, das Know-How zentral bei dem BfArM zu bündeln.

E1 beschreibt die Rolle der Ethikkommissionen als *„passend und adäquat"* (E1). Es wird eine gute Qualitätssicherung durch die Ethikkommissionen gewährleistet. Er betont außerdem, wie wichtig und richtig die momentanen Forschungsbestrebungen bei den Impfstoffen sind.

Limitationen

Es ist zu beachten, dass das BfArM für den Entzug der Marktzulassung vom Hersteller haftbar gemacht werden kann (J1). Außerdem sind manche Forschungsvorhaben in Deutschland aufgrund der politischen Vergangenheit aus ethischen Gründen nicht oder nur schwer durchführbar. Ein Beispiel hierfür ist die Stammzellenforschung (E1). Die zentrale Zulassung für Medizinprodukte ist schwierig, da die dafür notwendigen Regularien europaweit harmonisiert werden müssten (J1).

Verbesserungsvorschläge

J1 spricht sich für eine extra Kontrollinstanz zur Überprüfung der Kriterien, die für die jeweiligen Zulassungsverfahren verwendet werden, aus. Außerdem sollte es eine Bündelung der Überwachungs- und Sanktionsmöglichkeiten bei Medizinprodukten auf nationaler Ebene (z. B. beim BfArM) geben. E1 schlägt vor, dass Bewertungsunterlagen von Prüfern und Prüfstellen nicht mehr zwingend in Papierform vorzulegen sein sollten. Hier böten sich elektronische Speichermedien an. J1 fordert ein staatliches Zulassungssystem für Medizinprodukte angesiedelt bei der EMA.[13] Wenn dies nicht möglich ist, sollte die EMA alle Unterlagen sichten, nachdem sie bei der Benannten Stelle geprüft wurden.

J1 schlägt die Zentralisierung der Überwachung von Medizinprodukten durch das BfArM vor.

E1 spricht sich dafür aus, mit dem Ziel zu forschen, wirklich zu heilen, nicht um Symptome zu lindern. Daher fordert er mehr outcome-orientierte Forschung.

---

[12] J1: „Bei Arzneimitteln ist es schon klarer, das sind dann meistens doppelt verblindete Studien und so, aber bei einer klinischen Prüfung - was ist das eigentlich?"

[13] J1: „[A]lso am liebsten wäre es mir, wenn bei den Medizinprodukten das Zulassungssystem eben auch staatlich wäre. Und nicht, dass sich da der Hersteller selber was aussucht."

Außerdem muss es einen wirksamen Schutz vor Nichtwirksamkeit geben, Innovationen müssen gefördert werden und die Sicherheit muss gewährleistet sein. Es sollte eine Harmonisierung der Arzneimittelzulassung und des Inverkehrbringens von Medizinprodukten geben. Die Harmonisierung der Verfahren sollte durch eine unabhängige, interdisziplinär besetzte Gruppe wie z. B. einen *„Braintrust"* (E1) erfolgen. Vorgegebenen Kriterien (beispielsweise Innovation, Sicherheit, Nachweis der Wirksamkeit) sollen benutzt werden, um beide Systeme zu analysieren und das Beste aus beiden Vorgehensweisen in ein einheitliches System zu übernehmen.

Generell spricht sich E1 für mehr Forschung aus. Zum einem, damit Krankheiten wirklich geheilt werden können, zum anderen als *„Schutz vor der massenhaften Anwendung nicht gut evidenzbasierter Medikamente [- der ist] absolut unverzichtbar"* (E1).

Bewertungen der Arzneimittelthemen

Kritik am jetzigen Vorgehen bei Arzneimitteln

Generell kritisiert J1, dass die Zulassungsstelle nicht ausreichend prüft, ob die Studiendesigns an sich nicht schon manipulierend sind. E1 bemerkt kritisch, dass Arzneimittel (Neben-)Wirkungen teilweise nicht gut erforscht sind.[14] Außerdem geht die Wahlfreiheit darüber, welche Zulassungsart wann zu wählen ist *„ein wenig zu Lasten der Arzneimittelsicherheit"* (J1).

J1 bemängelt, dass das BfArM teilweise nicht aufmerksam genug ist. Bei synthetischen Insulinen z. B. wurde die Nebenwirkung *„Fettgewebsschwund an den Eintrittsstellen"* (J1) nicht mit in der Packungsbeilage aufgelistet. Da hätte das BfArM besser aufpassen müssen. E1 kritisiert, dass Placebo-Studien teilweise ethisch problematisch sind und dem behandelnden Arzt nur wenig handlungsrelevantes Wissen bringen. Außerdem verlangt die entsprechende ICH Guideline zu wenig Sicherheitsdaten. Die geforderten Sicherheitsdaten von 300-600 Patienten reichen nicht aus. Es sollten vor allem in Bereichen, in denen es viele Therapiealternativen gibt, mehr Sicherheitsdaten gefordert werden. Generell bemängelt E1, dass es zu wenig Forschung zu evidenzbasierten Therapien z. B. bei inneren Erkrankungen (Pankreatitis, Leberzirrhose) gibt.

---

[14] E1: „Ich weiß noch sehr genau, wie die Coxibe entwickelt worden sind und dann die ersten Rofecoxib und Celecoxib auf den Markt kamen. Welche Euphorie da zum Teil auch unter Wissenschaftlern war, dass zum ersten Mal ein magenverträgliches antientzündliches Arzneimittel zur Verfügung stand. Weil dass ja für ältere Leute mit Arthrose und so also wirklich ein riesen Problem ist. Und dann dieses Fiasko."

Die „*sogenannte wissenschaftliche Stellungnahme der pharmazeutischen Unternehmen*" (J1) muss besser begründet werden. Das BfArM sollte sich nicht mit Textbausteinen wie „*es gibt einen zeitlichen Zusammenhang, aber keinen sachlichen*" (J1) ohne weitere Begründungen zufriedengeben (J1). Außerdem bemängelt J1, dass das BfArM in einem bestimmten Fall seit 1998 darum bat, die Packungsbeilage anzupassen. 2005 war immer noch nichts geschehen. „*Und da denke ich, das wird alles viel zu lasch gehandhabt*" (J1). E1 bezweifelt, ob die EMA aufgrund der durch die neue EU Verordnung erweiterten Möglichkeiten mehr Post-Authorisation Safety Studies fordern wird, was sinnvoll wäre. Dies ist vor allem deswegen fraglich, da es seit Ende der 1980er Jahre in Deutschland die Möglichkeit gibt, Post-Authorisation Safety Studies nachzufordern. Diese Möglichkeit wird jedoch in Deutschland aufgrund von rechtlichen Problemen sowie Problemen „*auf der Verhaltensebene*" (E1) viel zu wenig genutzt. Außerdem ist es bedauerlich, dass nur wenige Erkrankungen wirklich geheilt werden können (E1).[15]

Bewährte Vorgehensweisen bei Arzneimitteln

J1 begrüßt den schnellen Zugang zu neuen Arzneimitteln über die Möglichkeit des Off-Lable-Uses. E1 bescheinigt dem Zulassungssystem für Arzneimittel, dass es in den meisten Fällen geeignet ist, die Wirksamkeit der Arzneimittel sicherzustellen.

Außerdem bemühen sich die Behörden, Safety Daten generieren zu lassen und die wissenschaftliche Qualität der Studiendesigns ist bei Arzneimitteln viel höher als bei Medizinprodukten. Ganz besonders hoch sind die wissenschaftlichen Standards schon seit 25 Jahren in der Kardiologie (Bluthochdruck/Herzinfarkt), aber auch bei der Cholesterinsenkung und einem Großteil der Onkologie (E1).

Laut J1 hat sich der Stufenplanbeauftragte, der die unerwünschten Arzneimittelwirkungen (UAWs) an die Ärzte verschickt, bewährt. Außerdem kann hierdurch unverzüglich auf neu beobachtete Risiken eingegangen werden. Laut E1 hat sich durch die von der Gesetzgebung eingeführten Post-Authorisation Safety Studies, den Risk-Management-Plan und den Pharmakovigilanz-Plan die Situation sehr verbessert. „*Die rechtlichen Möglichkeiten sind sehr, sehr groß. Und da kann man eigentlich nicht mehr sagen, dass es am Repertoire für die Behörden mangelt*" (E1).

---

[15] E1: „Wir können ja heute einen Bluthochdruck nicht heilen. Wir können den kontrollieren, den Hochdruck, aber wir können ihn nicht heilen. Und so ist es mit der Herzinsuffizienz. Das Potenzial, wo wir heilen können, sagen wir mal, ist die Infektiologie, nicht-virale Erkrankungen. Ja, und dann kann man schon lange gucken- was können wir wirklich heilen? Und ich finde die generelle Einstellung ist oft: ‚Ja, das ist halt so. Da brauchen wir uns nicht weiter drum kümmern.' Also das sehe ich überhaupt nicht so."

Außerdem spricht sich E1 stark für Impfungen aus, *„weil man da wirklich viel Positives mit erreichen kann"* (E1).

Limitationen bei Arzneimitteln

„[I]n Indikationsbereichen, wo es eine therapeutische Notsituation gibt [...] finde ich [es] akzeptabel, dass man da Arzneimittel zulässt und dann zur Auflage macht [...] [, dass] die Sicherheitsdaten noch [erhoben werden]" (E1). Innerhalb verschiedener Indikationen sind laut E1 leider nicht alle Bereiche gleich gut erforscht. Beispielsweise wird in der Dermatologie vergleichsweise wenig geforscht (z. B. Narben, Morbus Dupuytren). Dies hat zur Folge, dass teilweise Behandlungen verwendet werden müssen, die nicht evidenzbasiert sind.

Laut J1 könnte das BfArM aus Angst vor Haftungsansprüchen seitens der pharmazeutischen Unternehmer bestimmte Arzneimittel nicht vom Markt nehmen, keine Rote-Hand-Briefe initiieren oder davon absehen, die Zulassung auszusetzen. E1 sieht Behörden in einer Zwickmühle, wenn sie Studien nachfordern wollen, da sie nach dem Gesetz ein Produkt nur zulassen dürfen, wenn nachgewiesen ist, dass die Wirksamkeit und die Verträglichkeit im ausgewogenen Verhältnis zueinander stehen. Fordern die Behörde Daten nach *„[d]ann wäre es auch ein Akt von Selbstkritik, dass sie so ein Arzneimittel überhaupt zugelassen hat"* (E1). Sie darf den Hersteller ja auch nicht willkürlich zu Studien zwingen.

E1 beschreibt, dass es durch die zum 14. April 2014 durch das Europäische Parlament und den Europäische Rat in Kraft getretene Neuregelung der klinischen Prüfung für die deutschen Ethikkommissionen schwieriger sein wird, ihre hohen Standards durchzusetzen.

Verbesserungsvorschläge bei Arzneimitteln

J1 schlägt vor, nur einer Behörde die Möglichkeit zu erteilen, Zulassungsverfahren durchzuführen. Die Kriterien zur Zulassung sollten möglichst streng sein.

Laut E1 müssen im Gegensatz zu Placebo-kontrollierten Studien auch *„sehr viel mehr [...] Studien gefordert werden, gegen die bis dato bestehende Standardtherapie [also] Head-to-Head Trials oder Verum-kontrollierte Studien"* (E1). Außerdem muss mehr Wert auf die Verträglichkeit der Arzneimittel gelegt werden und es sollte größere Studienpopulationen mit sog. Safety-Daten geben.

J1 spricht sich für eine Vereinheitlichung der Zulassungsformen (Generischen Antrag, Vollantrag etc.) zum Schutz vor schädlichen Arzneimitteln aus.

E1 ist der Meinung, dass vor allem bei Arzneimitteln, die aufgrund von Surrogatkriterien zugelassen wurden, nach der Zulassung in größerem Umfang randomisiert auf patientenrelevante Endpunkte geprüft werden sollte. Generell sollte von randomisierten Studien, inklusive Post-Authorisation Safety Studies, mehr Gebrauch gemacht werden.

Bewertungen der Medizinproduktethemen

Kritik am jetzigen Vorgehen bei Medizinprodukten

Viel Kritik wird an der Zertifizierung durch Benannte Stellen geübt. J1 und E1 sehen beide ein strukturelles Problem darin, dass die Benannten Stellen privatrechtlich organisiert sind.[16] Außerdem bemängelt E1, dass es zu leicht sei, Medizinprodukte in den Verkehr zu bringen: *„[M]it der jetzigen Situation mit den Benannten Stellen gibt es ja diesen Bericht aus dem British Medical Journal und irgendeiner Tageszeitung in England, die mal versucht haben, ein Medizinprodukt, das bereits wegen dessen Gefährdungspotenzial [vom Markt genommen wurde], in Europa zuzulassen. Ganz offensichtlich [sind sie] bei vielen sogenannten Benannten Stellen auf großes Entgegenkommen und Bereitschaft, die CE-Kennzeichnung auszugeben, gestoßen [...]. Und das zeigt ja, dass dieses jetzige Verfahren so nicht funktioniert"* (E1). und J1 kommentiert dazu: *„Das hätte doch auffallen müssen!"* (J1) Es wird keine richtige Marktbeobachtung betrieben, sondern es werden nur die Unterlagen vom Hersteller geprüft.

J1 bemängelt weiter: *„[W]enn man sich da jetzt den Emailverkehr zwischen Benannter Stelle und Hersteller durchliest, dann denkt man, das sind befreundete Geschäftspartner aber [...] nicht Kontrolleur und Kontrollierter."* Außerdem können *„Benannte Stellen [...] das CE-Zertifikat zwar zurückziehen, aber wenn sie das machen, sucht sich der Hersteller nächstes Mal einfach eine andere Benannte Stelle"* (J1). *„Wenn man das dann in Bulgarien [...] zertifizieren lassen kann - dort können die Anforderungen beispielsweise geringer sein, was extrem unschön ist"* (J1). J1 glaubt auch nicht, dass sich die Qualität der Arbeit der Benannten Stellen durch die neuen externen Prüfungen verbessern wird. Abschließend bemängelt E1: *„[E]s wird auch in Zukunft, wenn dieser Vorschlag vom neuen Parlament so unverändert weitergeführt wird, keine Zulassung geben. Und das finde ich persönlich nicht adäquat. Denn Arzneimittel, zumindest zu 98%, die gehen in den Körper rein, und ich sage Mal, nach einer Woche sind*

---

[16] J1: „‚Wir bezahlen euch dafür, dass ihr mich bestraft.' Das ist schon in sich widersprüchlich." E1: „Naja, man weiß ja immer, Geld regiert die Welt. Wer zahlt, schafft an. Also da gibt es ja Sprichwörter wahrscheinlich schon seit 3000 Jahren in der menschlichen Geschichte. Und das deutet ja darauf hin, dass eine Stelle, die davon leben, dass sie Kunden hat, die sie als Benannte Stelle wählen, dass es da Abhängigkeiten gibt und Interessenskonflikte. Und alleine aus dem Grunde sollte man das ändern." E1: „Denn solche krassen Fälle gibt es ja im Bereich Behördenhandeln nicht. Hier wäre auch ganz klar, der Tatbestand der Bestechung im öffentlichen Raum, während ja bei diesen oft privatwirtschaftlichen organisierten Benannten Stellen, natürlich auch rechtlich auf einer anderen Ebene gehandelt wird."

die wieder alle draußen. Ein Medizinprodukt - zumindest viele - können Sie auch technisch heute gar nicht aus dem Körper rausholen."

Neben der Zertifizierung durch privatrechtlich agierende Benannte Stellen kritisiert J1 auch, dass es nicht klar ist, ob diese *„nur Begleiter des Herstellers"* (J1) sind oder auch Überwachungsaufgaben übernehmen müssen. Außerdem ist die Spaltung zwischen Länderbehörden und dem BfArM problematisch. Das BfArM sollte nicht nur beobachten und die Risikoanalyse machen, sondern seine vollen Kompetenzen stärker nutzen.

Des Weiteren ist laut J1 zu bemängeln, dass es sanktionslos bleibt, wenn der Hersteller seinen Meldepflichten nicht nachkommt. *„Also das klappt da eigentlich überhaupt nicht"* (J1).

Das schnelle Inverkehrbringen von Medizinprodukten geht auf *„Kosten der Sicherheit der Patienten"* (J1) und hilft dem Patienten in bestimmten Bereichen nicht.[17] Außerdem sind Schadensersatzsummen in der EU gering. *„Das geht sehr auf Kosten der Patientensicherheit"* (J1). Auch bemängelt J1, dass die Rechtsprechung in Deutschland momentan verbraucherfeindlicher als früher sei und stellt ungläubig fest, *„[d]ass [im Fall insolventer Hersteller] niemand haften muss, kann ja nicht wahr sein. Jetzt ist erst einmal der Gesetzgeber gefragt"* (J1).

Auch zu den Unterlagen, die zum Inverkehrbringen gefordert werden, gibt es viele Kritikpunkte: J1 bemängelt, dass nicht genau definiert ist, was genau eine klinische Prüfung ist. Außerdem ist nicht vorgegeben, wie groß die Fallzahlen der Studien sein müssen. Teilweise haben nur 30 Leute an den klinischen Prüfungen teilgenommen. *„Das ist unverantwortlich"* (J1). Auch sind Zuständigkeiten nicht klar definiert: Es ist nicht eindeutig geregelt, welche Institution welche Aktivitäten überwachen bzw. überprüfen muss.

---

[17] J1: „[W]ir haben Hüftendoprothesen von 120 verschiedenen Herstellern [...] was nutzt es jetzt einem, wenn man jetzt ein neues System, ein weniger Gutes – wie damals das modulare System auf den Markt bringt, anstatt abzuwarten, ob es denn wirklich sicher ist"? J1: „Bei den Herzschrittmachern kam es ja häufig zu den Fehlfunktionen, weil die Elektroden so dünn sind. Gut, wenn die dünn sind, ist es für den Patienten erst einmal bequemer, aber wenn sie brechen oder eine Fehlfunktion auslösen, dann kann es tödlich enden. Und warum forscht man dann nicht so lange, bis es sicher ist und lässt diese Anderen, die zwar dicker und unbequemer, aber dafür sicher sind, bestehen." J1: „Ich wüsste jetzt nicht, wo [...] diese Innovation in irgendeiner Form lebensrettend für den Patienten ist. Ich kenne da auch einfach kein Beispiel. Deshalb denke ich, dass es einfach nur ein wirtschaftliches Interesse der Medizinproduktehersteller ist." J1: „Deutschland [ist] für Medizinproduktehersteller aller möglichen Länder ein Schlaraffenland [...], weil die Anforderungen so niedrig sind. Und weil die da möglichst schnell was auf den Markt bringen können."

Auch E1 beschwert sich, dass die notwendigen Fallzahlen nicht erreicht werden. *„[D]ie Studien [...] haben in der Regel einen Fallzahlumfang, einen Stichprobenumfang, der [...] für eine wirkliche Bewertung von Wirksamkeit, und vor allem von Verträglichkeit, sicher nicht ausreicht"* (E1). Außerdem ist das vorliegende Datenmaterial nicht ausreichend, um die Sicherheit der Patienten zu gewährleisten. Bei Hüftgelenken und Kniegelenken gibt es z. B. mehrere hunderttausend Eingriffe allein in Deutschland, es kann also nicht sein, dass große Studienpopulationen nicht möglich sind. Dass Studien mit Fallzahlen von ca. 30 Patienten trotzdem als angemessen akzeptiert werden, hat wahrscheinlich *„im Wesentlichen historische und Lobby-Gründe"* (E1). Die Wachsamkeit und Wahrnehmung der Risiken ist bei Medizinprodukten viel weniger ausgeprägt als bei Arzneimitteln.[18]

J1 ist des Weiteren der Meinung, dass die Möglichkeit zwischen verschiedenen Konformitätsbewertungsverfahren zu wählen *„sicherlich auch auf Kosten der Medizinproduktesicherheit"* (J1) geht und bei *„Hochrisikoprodukten ist die Zulassung nach wie vor zu lasch"* (J1) und zu unklar geregelt. Außerdem darf es nicht sein, dass Produkte auf dem Markt sind, die den aktuellen Vorschriften nicht genügen.

Wenn es um die Überprüfung der Sicherheit von Medizinprodukten nach dem Inverkehrbringen geht, haben Länderbehörden teilweise für die Überwachung nicht das notwendige Know-How und *„Angst, wenn sie eine Zulassung entziehen, dass sie am nächsten Tag eine Klage im Haus haben"* (J1). Außerdem bemängelt J1, dass es eine Möglichkeit gibt, die Risikoanalyse nicht weiter fortsetzen zu müssen: Laut Gesetzgeber darf sich die Risikoanalyse nur auf zukünftige Risiken beziehen. *„Das ist im Prinzip auch ein Witz"* (J1). Wenn ein Hersteller einen Vertriebsstopp verhängt hat, muss er keine Risikoanalyse mehr machen, auch wenn noch viele tausend Menschen das Produkt implantiert haben und weiter benutzen.

Das *„Meldeverhalten ist nach wie vor mangelhaft"* (J1), da viele Ärzte gar nicht wissen, dass sie Vorkommnisse bei Medizinprodukten melden müssen. Dies bestätigt auch E1: Es wird wahrscheinlich nur ein kleiner Teil der Komplikationen und unerwünschten Wirkungen überhaupt erfasst. Außerdem bleibt es laut J1 sanktionslos, wenn Hersteller Vorkommnisse nicht melden. Auch gibt es laut E1 nur bei den wenigsten Medizinprodukten eine gute Langzeiterfassung.

---

[18] E1: „[E]s gibt sicher Stents, die häufiger zugehen als Andere. Es gibt sicher Hüftgelenks- und Kniegelenksendoprothesen, die häufiger Probleme bereiten, Materialermüdung, Lockerung, als Andere. Nur das wird, glaube ich, oft gar nicht erhoben, und falls doch, anders interpretiert."

Des Weiteren kritisiert E1, dass es sehr lange dauert, bis Neuerungen, wie z. B. das Register für Hüftgelenksprothesen, umgesetzt werden. Völlig unklar ist, warum es nicht auch vergleichbare Register z. B. für Stents gibt. *„[D]as heißt ja auch, dass meiner Ansicht nach die Nachmarktbeobachtung und die Risikoerfassung in diesem Bereich nicht funktioniert"* (E1).

Bewährte Vorgehensweisen bei Medizinprodukten

E1 meint, dass das Inverkehrbringen von Medizinprodukten teilweise zu funktionieren scheint und unterstützt, dass es nach Risiko des Produkts differenzierte Verfahren zum Inverkehrbringen gibt. J1 meint, dass manche risikoarme Produkte nicht so streng geprüft werden müssten. Zu den Sicherheitsanforderungen nach dem Inverkehrbringen meint E1, dass das Endoprothesenregister inzwischen hoffentlich funktioniert.

Limitationen bei Medizinprodukten

J1 sieht ein staatliches Zulassungssystem über die EMA als *„unrealistisch und nicht durchsetzbar"* (J1) an. Außerdem kann manchmal nicht klar zwischen Behandlungs- und Produktfehlern unterschieden werden.

Verbesserungsvorschläge bei Medizinprodukten

J1 spricht sich für ein staatliches, europäisches Zulassungssystem aus.[19] Es sollte, wenn das staatliche Zulassungssystem nicht eingeführt werden kann, zumindest eine Oberbehörde geschaffen werden, die die Produkte noch einmal prüft, bevor sie auf den Markt kommen. Dem BfArM sollte für die Überwachung die Kontrolle über die Länderbehörden übertragen werden.

Des Weiteren sollte laut J1 gesetzlich geregelt werden, dass einem Patienten auch geschadet wurde, wenn eine Operation notwendig wird, um z. B. ein möglicherweise fehlerhaft funktionierenden (und dann ggf. tödlichen) Herzschrittmacher zu entfernen, damit dafür Schadensersetz verlangt werden kann. Außerdem sollten die Mindestanforderungen an Studien erhöht und Möglichkeiten zum Inverkehrbringen vereinheitlicht werden. Des Weiteren sollten Medizinprodukte, die neuen Anforderungen nicht nachkommen, nicht auf dem Markt bleiben dürfen. E1 hält eine Zulassung für die beiden obersten Gruppen der Medizinprodukte für sinnvoll.

Laut J1 sollten Vorkommnisse auf jeden Fall gemeldet werden müssen, egal ob es ein Behandlungsfehler war oder ein Produktfehler. Ziel sollte nicht sein, Beteiligte zu bestrafen, sondern Fehler zu vermeiden. Außerdem sollte es Sanktio-

---

[19]   J1: „[D]a wäre ich sehr für so ein staatliches Zulassungssystem, wie es das etwa in den USA gibt, ganz eindeutig."

nen geben, wenn ein Hersteller Vorkommnisse nicht meldet. E1 spricht sich für eine bessere Beobachtung der auf dem Markt befindlichen Medizinprodukte aus, z. B. wie bei den Knie- und Hüftgelenkprothesen.

Im folgenden Kapitel wird auf die spezielle Sichtweise der Finanziers eingegangen.

3.2.2 Perspektiven der Finanziers

Die Textanalyse ergab, dass bei Finanziers die Kritik zu den Medizinprodukteunterlagen am ausgeprägtesten ist (23-mal genannt), gefolgt von Kritik an der Sicherheit nach dem Inverkehrbringen bei Medizinprodukten (17-mal) und Verbesserungen zu den Unterlagen von Medizinprodukten (9-mal).

Die wichtigsten Kritikpunkte an den Unterlagen der Medizinprodukte sind die mangelnde Qualität der Daten und der Unterlagen sowie die fehlende Transparenz, insbesondere in Bezug auf das Anwendungsgebiet und die Klassifizierung der Medizinprodukte. Außerdem wird die Rolle des G-BA kritisiert. Durch den Gesetzgeber ist er gezwungen, Aufgaben wahrzunehmen, die er aufgrund seiner Zusammensetzung nicht mit der gebotenen Stringenz wahrnehmen kann.

Die Probleme bei den Sicherheitsanforderungen nach dem Inverkehrbringen fasst ein Interviewpartner so zusammen: Es ist eine *„ausgemachte Katastrophe, so wie das momentan ist"* (G2). Vorkommnisse sind nicht ausreichend definiert, werden nicht gemeldet und langfristige Folgen sind als Vorkommnis nahezu ausgeschlossen, wenn sie etwas mit der Erkrankung zu tun haben könnten. Außerdem muss das BfArM nicht tätig werden, wenn es nicht genügend Vorkommnismeldungen gibt und die Marktüberwachung ist *„absolut intransparent"* (G2).

Die Verbesserungen bei den Medizinprodukten verweisen hauptsächlich auf die Standards der FDA, was insbesondere den Nachweis der Sicherheit und Wirksamkeit sowie Vorkommnismeldungen, Informationen für Patienten im speziellen und die Transparenz der Daten allgemein angeht. Außerdem sollte es eine klinische Prüfung für alle Hochrisikoprodukte geben.

Präsenz der Themenfelder in den Bewertungen

Wie in Tabelle 12 zu sehen, ist in fast allen Kategorien mit Ausnahme der Arten des Inverkehrbringens für Medizinprodukte die Kritik an der Vorgehensweise bei den Medizinprodukten ausgeprägter als bei den Arzneimitteln. Umgekehrt waren bei den Textstellen, die als bewährt eingestuft wurden, entweder mehr Stellen zu Arzneimitteln identifiziert oder gleich viele ('Inverkehrbringen generell' und 'sonstige Aspekte'). Limitationen waren bei 'Sicherheit nach dem In-

Tabelle 12: Präsenz der Themenfelder in den Bewertungen bei den Finanziers

	Kritik	Bewährt	Limitationen	Verbesserung
Inverkehrbringen (generell)	0	0	1	0
Inverkehrbringen (generell)\AM-generell	1	3	4	1
Inverkehrbringen (generell)\MP-generell	8	3	3	5
Arten des Inverkehrbringens	0	0	0	0
Arten\AM-Arten	3	2	1	2
Arten\MP-Arten	0	1	0	2
Unterlagen zum Inverkehrbringen	0	0	0	1
Unterlagen\AM-Unterlagen	1	3	4	3
Unterlagen\MP-Unterlagen	23	2	3	9
An das Produkt angepasste Verfahren	0	0	0	0
An das Produkt angepasste Verfahren\AM-angepasste Verfahren	5	3	0	2
An das Produkt angepasste Verfahren\MP-angepasste Verfahren	8	0	2	5
Sicherheitsanforderungen nach dem Inverkehrbringen	0	0	0	1
Sicherheitsanforderungen nach dem Inverkehrbringen\AM-Sicherheit_nach_IV	1	3	5	3
Sicherheitsanforderungen nach dem Inverkehrbringen\MP-Sicherheit_nach_IV	17	0	4	9
Sonstige Aspekte	4	2	4	2
Sonstige Aspekte\AM-Sonstiges	0	0	0	2
Sonstige Aspekte\MP-Sonstiges	0	0	0	0
Synthese/Synopse	0	0	0	0

verkehrbringen', ‚Unterlagen zum Inverkehrbringen', ‚Arten des Inverkehrbringens' und bei ‚generellen Aussagen' zum Inverkehrbringen bei den Arzneimitteln ausgeprägter. Nur bei ‚angepassten Verfahren' waren Aussagen zu Limitationen bei den Medizinprodukten präsenter. Bei den Verbesserungen waren Vorschläge für Medizinprodukte in der Diskussion präsenter als für Arzneimittel, abgesehen von ‚Arten des Inverkehrbringens' und ‚sonstigen Aspekten'.

Übergreifende Aussagen

Ein Experte mit tiefen Einblicken in das geplante Freihandelsabkommen mit den USA (G1) wurde interviewt und hat seine Einschätzung dazu gegeben, wie das Abkommen (Stand Sommer 2014) den Bereich der Arzneimittel und Medizinprodukte beeinflussen würde.

Kritik am jetzigen Vorgehen

G1 sieht es kritisch, dass Streitfälle im Rahmen des Freihandelsabkommens von Handelsrichtern und nicht von Sozialrichtern mit Expertise in öffentlicher Gesundheit oder Verbraucherschutz entschieden würden. Zwar stiege möglicherweise kurzfristig durch die Folgen des Freihandelsabkommens die Anbieter- und Produktvielfalt, aber langfristig könnte es zu weiteren Konzentrationsprozessen führen: „[E]ine endlose Konzentration, das ist nicht wünschenswert" (G1). G1 bemängelt, dass die Entwicklung des Freihandelsabkommens kaum transparent ist.

Bewährte Vorgehensweisen

G1 fordert: „Preissetzung und das Inverkehrbringen [müssen] in behördlicher, in mitgliedstaatlicher oder europäischer Hand bleiben" (G1). Außerdem dürfen die hohen Qualitätsstandards nicht verringert werden.

Generelle Limitationen

Laut G1 darf es im Rahmen des Freihandelsabkommens keine wechselseitige Anerkennung beim Inverkehrbringen oder bei der Preissetzung geben. Außerdem wagt G1 zu bezweifeln, dass die Experten, die über das Freihandelsabkommen diskutieren, im Einzelnen die Auswirkungen „auf das deutsche Gesundheitssystem, auf unsere Preisbildungs- und Vergütungsmechanismen, und auf die der 27 anderen Mitgliedstaaten, wirklich einschätzen können" (G1).

G1 bemängelt, dass nach jetzigem Stand der Verhandlungen über das Freihandelsabkommen immer wenn sich ein ausländischer Investor ungerecht behandelt fühlt, dieser außerhalb des normalen Gerichtssystems klagen könnte. Da gibt es Beispiele von Achema gegen die Slowakische Republik, Philip Morris gegen Australien und Eli Lilly gegen Kanada, in denen gegen Gesetze zur Gesundheitsförderung geklagt wurde. Das kann Entscheidungen zugunsten der Gesundheitsversorgung einschränken.

Verbesserungsvorschläge

Laut G1 ist das amerikanische System mitunter patientenfreundlicher, was Transparenz und klinische Daten angeht. Auch wenn es um Risiko- und Schadensmeldungen geht, sollte man sich am amerikanischen System orientieren. Daher findet G1 es persönlich wichtig, dass es einen transatlantischen Dialog über Regularien gibt. „[D]avon kann man profitieren" (G1).

Generell gesprochen kann laut G1 das Freihandelsabkommen zum Anlass genommen werden, darauf hinzuweisen, dass man sich bei bestimmten Themen mehr in Richtung der USA orientieren könnte.

Bewertungen der Arzneimittelthemen

Kritik am jetzigen Vorgehen bei Arzneimitteln

Laut P1 können Verhandlungen über Erstattungsbeträge in einzelnen europäischen Ländern nach einer zentralen Zulassung Innovationen hemmen. Außerdem kann es problematisch werden, wenn Länder, in denen ein bestimmtes Arzneimittel nicht zur Verfügung steht, über eine erneute Bewertung von Nutzen und Risiken bewirken, dass die Europäische Kommission dieses Arzneimittel vom Markt nimmt.[20]

G1 bemängelt, dass nicht immer alle Studienergebnisse veröffentlicht werden.[21]

P1 kritisiert, dass die erlaubte Abweichung des Wirkstoffgehalts zwischen Generikum und Originalpräparat zu groß ist, wenn Rabattverträge greifen. Dies liegt daran, dass die Abweichungen zwischen verschiedenen Generika noch größer sein können als zwischen Originalpräparat und Generikum erlaubt. Außerdem sollte sich die EMA mehr an ihre selbst auferlegten Orphan Drug Regularien halten.

Des Weiteren kritisiert P1, dass es sehr lange gedauert hat, bis sehr selten auftretende Nebenwirkungen im Beipackzettel veröffentlicht wurden, obwohl dem BfArM in bestimmten Fällen schon früh Einzelberichte vorlagen.

---

[20] P1: „Aber dass das dann in Ländern zu Zulassungsrücknahmen geführt hat, weil europäische Länder gegen eine Zulassung gestimmt haben, bei denen das Arzneimittel gar nicht auf dem Markt ist, finde ich ungünstig."

[21] G1: „Und da gab es ja auch schon den ein oder anderen Skandal [...] [, bei dem] sich im Nachhinein herausgestellt hat, dass nicht alle relevanten Endpunkte veröffentlicht worden sind".

Bewährte Vorgehensweisen bei Arzneimitteln

P1 ist der Meinung, dass die Zulassung bei den Arzneimitteln gut funktioniert und dass der Zulassungsprozess keine Innovationen hemmt. G1 findet, dass die International Conference on Harmonization sehr zur Harmonisierung beigetragen hat. Darauf kann weiter aufgebaut werden. Außerdem sind die verschiedenen Zulassungsverfahren *„alles richtige Ansätze"* (P1) und prinzipiell ist die Bewertung der Arzneimittelrisiken auf europäischer Ebene zu befürworten. Auch die Möglichkeit Zulassungen beschränkt, also mit Auflagen an noch zu erbringende Studien, aussprechen zu können, *„ist natürlich eine absolut sinnvolle Regelung"* (P1), wie auch die Orphan Drug Zulassung auf europäischer Ebene sinnvoll geregelt ist. Auch ist laut G1 positiv zu sehen, dass das jetzige System einen guten Grad an Innovationsförderung beinhaltet. P1 betont, dass es sinnvoll ist, gegen die Slicing-Strategie[22] der Hersteller vorzugehen.

„[E]s ist natürlich wichtig, dass auch [...] nach [der] Zulassung noch Arzneimittelstudien betrieben werden" (P1) und diesbezüglich auch Auflagen gemacht werden können. Außerdem wurde laut P1 der Fragebogen für Vorkommnismeldungen vereinfacht und es ist jetzt leichter für Patienten, Vorkommnisse eigenständig zu melden.

G1 sieht den momentanen Schutz geistigen Eigentums als ausreichend an. Es sollte zu keiner Ausweitung des Schutzes geistigen Eigentums kommen, da Generika dann noch später auf den Markt kämen.

Limitationen bei Arzneimitteln

Gewisse Arzneimittelrisiken können erst in der breiten Anwendung gefunden werden, nicht in Zulassungsstudien (P1).

Im Rahmen der Verhandlungen über das Freihandelsabkommen geht es nur darum, Qualitätsüberprüfungen anzupassen, nicht um die Entscheidung über die Marktfähigkeit oder den Preis eines Produkts. Es darf keine Vereinbarungen geben, die zu Lasten des Patientennutzens gehen oder Kontrollen minimieren (G1).

P1 gibt zu bedenken, dass Unternehmen nicht gezwungen werden können bestimmte Arzneimittel auf den Markt zu bringen. Außerdem können nicht alle Nebenwirkungen vor der Zulassung identifiziert werden, daher ist die Teilnehmerzahl bei Studien nach oben zu begrenzen. Je spezifischer die Therapien wer-

---

[22] Anmerkung des Autors: Mit Slicing ist gemeint, dass Krankheitsbilder so weit unterteilt werden bis die Arzneimittel als Orphan Drugs zugelassen werden können.

den, desto spezifischer werden auch die jeweiligen Wirkansätze und desto weniger kann man vorab darüber wissen.

Zur Meldung von Nebenwirkungen berichtet P1 folgendes: Es ist zwar relativ einfach Nebenwirkungen zu melden, aber leider werden sie in der Praxis nicht gemeldet. Außerdem ist es schwierig, die Verlässlichkeit von gemeldeten Nebenwirkungen zu überprüfen und gleichzeitig darauf zu achten, dass nicht aufgrund von Falschmeldungen unnötige Panik verbreitet wird. Daher ist seitens der Behörden sehr viel Personal notwendig, um die eingegangenen Meldungen von Nebenwirkungen weiter zu prüfen. Prinzipiell ist zu sagen, je einfacher es ist, eine Nebenwirkung zu melden, desto besser.

Laut P1 ist bei den Sicherheitsanforderungen nach dem Inverkehrbringen auch fraglich, ob *„Anwendungsbeobachtungen, für die Ärzte dann auch bezahlt werden, [...] sinnvoll umgesetzt werden"* (P1).

Verbesserungsvorschläge bei Arzneimitteln

International könnte bei der Qualitätssicherung überprüft werden, inwiefern man unnötige Bürokratie abbauen kann oder sich mit den USA auf gleiche Terminologien und Standards einigen kann (G1). Außerdem wäre es eine Verbesserung, wenn Risiken weiterhin auf europäischer Ebene gesammelt würden, aber für die Nutzen-Risiko Bewertung von Seiten der EU nur Empfehlungen an die Länderbehörden herausgegeben würden (P1).

Was die einzureichenden Unterlagen angeht wäre eine Verpflichtung zur Darlegung aller Studien wichtig (P1) oder zumindest mehr Transparenz bei der Offenlegung klinischer Studien wünschenswert, z. B. indem sie der Wissenschaft zugänglich gemacht werden (G1). Zumindest das IQWiG müsste jedoch Zugriff auf die vollständigen Datensätze der Hersteller haben (G1).

Auch bei den Verbesserungsvorschlägen betont P1, dass Slicing entgegengewirkt werden muss. Trotzdem muss in manchen Fällen genau geprüft werden, ob die Differenzierung in diesen speziellen Fällen angemessen ist. Des Weiteren sollten auch von unabhängigen Dienstleistern erhobene Daten vom BfArM schneller mit in die Bewertung der Neben- und Wechselwirkungen einbezogen werden oder zumindest zum Anlass genommen werden, um eigene Nachforschungen anzustellen. Abschließend spricht sich P1 für die Abschaffung von Rabattverträgen, Parallel- und Reimporten aus, um Lieferengpässen entgegenzuwirken. Das *„würde zur Arzneimittelsicherheit in Deutschland enorm beitragen"* (P1).

Bewertungen der Medizinproduktethemen

Kritik am jetzigen Vorgehen bei Medizinprodukten

G1 und G2 äußern *„fundamentale Kritik"* (G1) an dem Prozess zum Inverkehrbringen von Medizinprodukten mit hohem Risikopotential: Die Benannten Stellen, die klinische Bewertung, die Transparenz der Daten und die Marktüberwachung sind schlecht geregelt. Die Benannten Stellen treten teilweise als Dienstleister für Unternehmen auf und versprechen *„zügige und reibungslose Zertifizierungsverfahren"* (G2). Wenn Produkte immer weiterentwickelt werden und basierend auf den Ergebnissen der alten Konformitätsbewertung in Verkehr gebracht werden, kann es sein, dass das aktuelle Produkt nichts mehr mit dem damals ausführlich geprüften zu tun hat. Außerdem wird gerne gesagt, dass höhere Anforderungen an das Inverkehrbringen die kleinen und mittelständischen Unternehmen vom Markt drängen würden. Dem ist zu entgegen, dass bei Hochrisikoprodukten dieser Prozess schon längst im Gange ist und die meisten Produkte dort von großen Unternehmen auf den Markt gebracht werden, die diese Studien auch finanzieren können, wie in den USA zu sehen ist. Auch ist der Interessenskonflikt der Benannten Stellen generell problematisch und die klinische Bewertung nicht ausreichend (G2).

Folgende kritische Punkte sieht G2 bei der Qualität der Daten und Unterlagen: Der Hersteller muss nicht zeigen, dass die Therapie mit seinem Medizinprodukt wirksam ist.[23] Außerdem gibt es in Europa keine klar vorgeschriebenen Regeln zur Zweckbestimmung, zu Qualitätskriterien und zu Post-Marketing-Follow-Up Studien. In den USA sind diese Aspekte besser geregelt. Des Weiteren muss die Transparenz der Daten erhöht werden, insbesondere in Bezug auf die Zweckbestimmung und die Klassifizierung der Medizinprodukte. Hierfür muss es eine Datenbank geben, in der nachgeschaut werden kann, welche Produkte auf dem Markt sind. Vergleichende Studien werden kaum durchgeführt. Oft sind es Fallserien mit erheblichen methodischen Mängeln und zu kurzen follow-up Zeiten: *„[D]ie Datenlage ist extrem dünn"* (G2). Leider sehen die gesetzlichen Vorgaben große Studien nicht vor. Es reicht nicht *„eine klinische Bewertung anhand von klinischen Daten durchzunehmen, die [...] eben keine klinischen Prüfungen sind, wie es [...] jetzt gang und gäbe ist"* (G2). Außerdem ist bei Medizinprodukten die Zweckbestimmung meistens viel zu weit gefasst. Ungeprüfte Indikationsausweitungen sind damit vorprogrammiert. Bei vielen Klasse III Produkten ist die letzte klinische Prüfung schon viel zu lange her.

---

[23] G2: „[D]er Nachweis der Sicherheit und prinzipiellen Funktionstauglichkeit ist etwas völlig anderes als der Nachweis der Wirksamkeit".

Außerdem ist es laut G2 ein Systemfehler, dem G-BA die Aufgabe zu geben, z. B. darüber zu entscheiden, welche Spezialisten bei einer TAVI (Transkatheter-Aortenklappen-Implantation) während der OP vorhanden sein müssen, da die Deutsche Krankenhausgesellschaft auch im G-BA die Interessen der kleinen Krankenhäuser unterstützen muss. Somit *„kann sie einer strikten Strukturanforderung, die [...] sagt, es muss ein Herzchirurg im Haus sein, [...] nicht zustimmen"* (G2). Generell ist zu sagen, dass Regelungen, wie bestimmte Klasse III Produkte implantiert werden sollen, schneller entwickelt und bindend umgesetzt werden müssen (G2).

Außerdem sind *„[d]ie Kriterien der Risikoklassifizierung [...] nicht ausreichend"* (G2): Der Grad der Invasivität ist nicht immer geeignet, um die Klassifizierung durchzuführen.[24] Auch fließt die Neuartigkeit des Produkts und das damit einhergehende höhere Unwissen über mögliche Risiken nicht mit in die Klassifizierung ein.

Des Weiteren ist es laut G2 problematisch, dass es bei der Überprüfung des Qualitätssicherungssystems vor allem darauf ankommt, was die Benannte Stelle macht. Sie überprüfen nicht im Detail die Produktdokumentation und die klinische Bewertung, sondern das Qualitätssicherungssystem, also unter anderem die SOPs. Es sollte auch nicht sein, dass bei Klasse IIa und IIb Produkten neben dem Qualitätssicherungssystem die eigentlichen Medizinprodukte nur exemplarisch geprüft werden. *„[I]ch persönlich glaube auch nicht, dass das Auseinandernehmen und technische Bewerten eines Gerätes [...] substantiell die Sicherheit verbessert"* (G2). Außerdem ist es problematisch, dass die Benannten Stellen hinnehmen müssen, welche Module die Hersteller genau zum Nachweis der Konformität ihrer Produkte verwenden wollen.

G2 beschreibt das Vigilanzsystem als eine *„ausgemachte Katastrophe, so wie das momentan ist"* (G2): Es gibt Probleme bei der Definition eines Vorkomm-

---

[24] G2: „Die Risikoklassifizierung im Medizinprodukterecht, was ja EU-Recht ist, bezieht sich auf den Grad der Invasivität. Also, wenn ich etwas implantiere, dann ist das Risiko höher, als wenn ich es nicht implantiere. Wenn das Gerät, was ich implantiere, auch noch irgendwie Energie abgibt, oder elektrische Stromversorgung hat, oder so, dann ist das Risiko noch viel höher, und es wird dann geguckt, ob das Produkt mit dem zentralen Blutkreislauf oder mit dem zentralen Nervensystem in Berührung kommt, dann ist es automatisch die höchste Risikoklasse.
So, und das bedeutet, rein theoretisch, wenn man die Klassifizierungskriterien zu Grunde legt, dass ein chirurgisches Instrument, mit dem ich neurochirurgisch arbeite, dass das eben mit dem Gehirn in Berührung kommt, formal der Risikoklasse III zuzuordnen wäre. Weil es invasiv ist, und weil es halt eben mit dem zentralen Nervensystem in Berührung kommt.
Umgekehrt ist ein Produkt, was jetzt nicht invasiv eingebracht wird, oder nicht implantiert wird, obwohl es erhebliche Risiken hat, kein Hochrisikomedizinprodukt. Das wäre zum Beispiel, wenn ich einen Schaum in die Lunge spritze, um damit Lungenareale dazu zu bringen, zu kollabieren. Dann ist das kein Produkt der Risikoklasse III. Oder Ventile, die ich in die Lunge setze, oder so."

nisses. Vorkommnisse werden nicht gemeldet.[25] Langfristige möglicherweise krankheitsbezogene Änderungen des Gesundheitszustandes sind nicht meldepflichtig.[26] Das BfArM hat keine Amtsermittlungspflicht. Wenn es nicht genug Vorkommnismeldungen gibt, wird das BfArM nicht aktiv, auch wenn es eindeutige Studienergebnisse gibt. Das BfArM veröffentlicht die Vorkommnismeldungen nicht, somit können Patienten und Kassen nicht sehen, welche Risiken mit einem bestimmten Produkt eventuell einhergehen. Die Aufteilung zwischen BfArM und Landesbehörden funktioniert faktisch nicht. Dass *„dann wirklich mal konsequent durchgegriffen wird und irgendwie zum Beispiel eine Einschränkung angeordnet wird, das gibt es nicht"* (G2).

Ein weiterer Kritikpunkt von G2 ist die Marktüberwachung. Sie ist *„absolut intransparent"* (G2). Es ist der *„falsche Weg"* (G2) Medizinprodukte nach *„ein paar sicherheitstechnischen Kontrollen im Labor"* (G2) in den Verkehr zu bringen und schließlich abzuwarten, ob Marktüberwachung, Vorkommnismeldungen oder Registerdaten noch weitere Erkenntnisse bringen. Außerdem gibt es in der Post-Marketing-Surveillance keine Möglichkeit, die Indikation einzuschränken. Darüber hinaus sind manche Produkte nicht so innovativ, wie am Anfang angepriesen.

Bewährte Vorgehensweisen bei Medizinprodukten

Laut G2 ist bei der *„überwiegenden Mehrheit der Medizinprodukte"* (G2) das schnelle Inverkehrbringen *„völlig unproblematisch"* (G2) und grundsätzlich angemessen.[27] *„Das tolle hier in Europa ist ja, dass [...] die Produkte relativ schnell [...] an den Patienten kommen"* (G2) und *„die technischen Sicherheit [des Produkts] ist, in gewissen Grenzen natürlich, [...] nachgewiesen"* (G2). Außerdem ist die Trennung von In-vitro-Diagnostika und Medizinprodukten sehr sinnvoll.

---

[25] G2: „Von Anwendern werden die nicht gemeldet, weil die keine Konsequenzen befürchten müssen, wenn die nicht melden. Und es ist politisch nicht gewollt, dass es Konsequenzen gibt."

[26] G2: „Also wenn dann zum Beispiel ein Patient mit einem intrakraniellen Stent einen Schlaganfall kriegt, der den Schlaganfall möglicherweise auch ohne diesen Stent bekommen hätte, dann kann das eben auch Krankheitsassoziiert sein, dann ist das nicht meldepflichtig."

[27] G2: „Der Einsatz des Produktes ist; die Sicherheit ist, in gewissen Grenzen natürlich, aber sie ist nachgewiesen. Also, die haben gezeigt, man kann mit dem Katheter in dieses Aneurysma vordringen, man kann das Produkt dann freisetzen, genau wie der Hersteller es sich vorgestellt hat. Das klappt dann so ein, sichert die Aneurysma-Wand ab und so, das kann man wunderbar angiographisch sehen, das passiert alles."

Limitationen bei Medizinprodukten

Medizinprodukte sind ein sehr heterogener Markt und unterscheiden sich auch stark im Anwendungsrisiko (G2). Vor allem kleine und mittelständische Unternehmen könnten Zulassungsstudien gar nicht ohne Hilfe finanzieren.

Außerdem kann das System in den USA teilweise als *„bürokratischer Wasserkopf"* (G2) beschrieben werden. Wie oben dargestellt kann die Selbstverwaltung in Deutschland auch keine strikten Strukturanforderungen machen, ob z. B. bei einer bestimmten OP ein Herzchirurg im Haus sein muss oder nicht. Generell ist der Preis für das schnelle Inverkehrbringen, dass man nicht so viel über das Produkt weiß.

Zu Verfahren, die an bestimmte Produkte angepasst sind, meint G2: Auch wenn wir überzeugt sind, dass eine zentrale Zulassung für Hochrisikoprodukte der richtige Weg wäre, ist sie politisch momentan nicht durchsetzbar. Außerdem ist eine klare Definition davon, was genau ein Hochrisikoprodukt ist, schwierig (G2).

Bei den Sicherheitsanforderungen nach dem Inverkehrbringen ist nach G2 zu beachten, dass das Landgericht Nürnberg-Fürth entschieden hat, dass Benannte Stellen keine Marktüberwachungsbehörden sind. *„Das heißt, selbst wenn die dann irgendwelche unangekündigten Prüfungen machen, haben die keine Durchgreifmöglichkeiten außer der, dass sie dann [...] das Zertifikat entziehen"* (G2). Außerdem führe das föderale System zu vielen Limitationen und dem Vernehmen nach haben *„viele Behörden wohl gar keine ausreichende Sachkompetenz und Personalausstattung"* (G2) für eine richtige Überwachung.

Verbesserungsvorschläge bei Medizinprodukten

G1 spricht sich für eine europäische behördliche Zulassung aus. Außerdem sollte es bei Hochrisikoprodukten ein ‚Premarket Approval' mit klinischen Studien geben, um den Patientennutzen sicherzustellen. Bei höheren Zulassungshürden sollten kleine Unternehmen durch Wirtschaftsunterstützungen wie Kredite, Fördermittel, Bürgschaften oder Subventionen unterstützt werden (G2).

Bezüglich der verschiedenen Arten des Inverkehrbringens sollte die Differenzierung zwischen aktiven Implantaten und Medizinprodukten revidiert werden, die Abgrenzung der In-vitro-Diagnostika sollte bestehen bleiben (G2).

G1 und G2 sind übereinstimmend der Meinung, dass man sich bei den zu fordernden Unterlagen an den Standards der FDA orientieren sollte: Ich befürworte eine *„Orientierung an den Standards der FDA [für] Sicherheit und Wirksamkeit, gemeldete Vorkommnisse [und] gute Patienteninformationen"* (G1) und G2 spricht sich dafür aus, die Daten der Öffentlichkeit so transparent zur Verfügung zu stellen, wie es die FDA in den USA macht.[28]

Bezüglich der klinischen Prüfungen und des Wirksamkeitsnachweises der Therapie spricht sich G2 für eine klinische Prüfung für alle Hochrisikoprodukte aus. Es müssen nicht ausschließlich RCTs sein, aber sie müssen in einem geschützten Rahmen stattfinden. Außerdem sollte ein Wirksamkeitsnachweis erforderlich sein. Dazu gehört dann auch der Nachweis, dass die Methode verglichen mit der Standardtherapie mindestens gleichwertig ist. Abschließend fordert G2 höhere Anforderungen innerhalb der klinischen Bewertung.

Als letzten Punkt fordert G2, dass es eine Behörde geben müsste, die die Strukturanforderungen festlegt, die bei bestimmten Medizinprodukten einzuhalten sind, z. B. dass beim Einsetzen bestimmter Implantate bestimmte Ärzte zwingend anwesend sein sollten.

Wenn es um produktspezifische Verfahren zum Inverkehrbringen geht, fordert G2 eine *„zentrale Zulassung für Hochrisikomedizinprodukte[...]. Eine Alternative, die wir uns vorstellen können, ist, wenn es darauf hinausläuft, dass [einige wenige] spezialisierte Benannte Stellen [...] [für] Hochrisikomedizinprodukte implementiert werden"* (G2). Außerdem müsste es eine genauere Prüfung durch die Benannten Stellen geben, z. B. was die klinische Bewertung und die Zweckbestimmung angeht.[29]

Was die Sicherheitsanforderungen nach dem Inverkehrbringen angeht, fordert G2 von den Landesbehörden, sie *„müssten konsequent und sachgerecht Maßnahmen anordnen und den Vollzug überwachen, z. B. dass der Hersteller eine Indikationseinschränkung vornimmt. Auch behördliche Inspektionen wären denkbar"* (G2). *„Ein zentraler Punkt ist die Unique-Device-Identification, also [...] ein einheitliches Produkterkennungssystem"* (G1) sowie eine Harmonisierung *„im Bereich der Auditierung und des elektronischen Datenaustausches von Herstellern im Zusammenhang mit der Marktzulassung"* (G1). Des Weiteren

---

[28] G2: „Da findet man zu jedem Produkt ‚safety and efficacy data', die sind halt eben dann schön kompiliert, da sind die wesentlichen Studienergebnisse aufgetragen, man findet den Zulassungsbrief, da stehen dann eben die ganzen Auflagen drin, was für Studien der Hersteller zu machen hat, da steht dann beispielsweise bei diesen TAVI Klappen steht da drin, die sollen nur eingesetzt werden, wenn ein Team, bestehend aus Kardiologe und Herzchirurg festgestellt hat, der Patient ist inoperabel oder hat halt eben die Indikationsstellung dafür."

[29] G2: „[E]s müssten halt wirklich für jedes einzelne Produkt geguckt werden, ist das plausibel und nachvollziehbar wie das Konformitätsbewertungsverfahren im Unternehmen gelaufen ist? Sind die Dokumente vollständig, ist die klinische Bewertung nachvollziehbar, für welche Zweckbestimmung ist das Produkt denn in den Verkehr gebracht? Ist das plausibel, ist das aus den Daten ableitbar? Gibt es einen Post-Marketing-Surveillance-Plan, gibt es Studien, die der Hersteller halt eben macht? Ist die Klassifizierung vernünftig gelaufen?"

müssten Safety-und Efficacy-Daten veröffentlicht werden, es sollte Jahresberichte zu Meldungen und zu einer Risikoabschätzung von konkreten Produkten geben und diese Produkte müssen langfristig in einem prospektiven Setting beobachtet werden. In diesem Setting müssen dann auch die Patienten informiert sein, dass man z. B. noch nicht alle Materialeigenschaften genau kennt. Später kann dies auch in Registern geschehen (G2). Generell gesprochen kann noch viel vom amerikanischen System gelernt werden, was die Warnung bei Fehlern und Registrierung von Medizinprodukten angeht (G1).

Im folgenden Kapitel wird auf die spezielle Sichtweise der Überwacher eingegangen.

3.2.3   Perspektiven der Überwacher

Die Textanalyse ergab, dass von den überwachenden Akteuren Bewährtes und Limitationen zum Inverkehrbringen von Medizinprodukten generell in den Interviews am präsentesten waren (beide 15-mal genannt). Gefolgt wurde dies von Aussagen zu Limitationen, die sich auf die Sicherheit nach dem Inverkehrbringen von Medizinprodukten bezogen (14-mal).

Die wichtigsten Punkte beim Inverkehrbringen von Medizinprodukten generell, die als bewährt kategorisiert wurden, waren: Eine vorsichtig positive Einschätzung des momentanen Systems zum Inverkehrbringen sowie die Harmonisierung der Arbeitsweisen der Benannten Stellen. Ebenfalls genannt wurden die hohe Qualität der Benannten Stellen in Deutschland sowie die Vorteile eines vertrauensvollen Verhältnisses zwischen Hersteller und Benannter Stelle.

Bei den Limitationen zum Inverkehrbringen von Medizinprodukten werden vor allem die Unwägbarkeiten einer möglichen Regulierung durch eine Behörde genannt, aber auch, dass eine Benannte Stelle nicht komplett unabhängig bewerten kann, da sie von ihren Auftraggebern abhängig ist. Ansonsten wird noch genannt, dass die Hürden zum Inverkehrbringen hoch sind und dass die deutschen Benannten Stellen „relativ stark" (B1) reglementiert sind, in dem was sie tun dürfen und/oder müssen.

Die wichtigsten Limitationen bei der Sicherheit nach dem Inverkehrbringen von Medizinprodukten sind Einschränkungen bei den Vorkommnismeldungen, die Probleme bei der Abgrenzung zwischen Produktfehlern und Behandlungsfehlern sowie Schwierigkeiten bei der Bewertung von Vorkommnissen. Außerdem wurden Limitationen bei der Marktüberwachung genannt.

Präsenz der Themenfelder in den Bewertungen

Wie in Tabelle 13 zu sehen (s. nächste Seite), ist Kritik in allen Themenfeldern mit Ausnahme der Arten des Inverkehrbringens für Medizinprodukte häufiger gegen die Vorgehensweise bei Medizinprodukten gerichtet als gegen die bei Arzneimitteln. Bei Textstellen, die als bewährte Vorgehensweisen eingestuft wurden, ist ein genau umgekehrtes Bild zu sehen. Limitationen für das generelle Inverkehrbringen von Medizinprodukten, der Sicherheit nach dem Inverkehrbringen, bei ‚angepassten Verfahren' und ‚Unterlagen zum Inverkehrbringen' haben eine größere relative Bedeutung bei Medizinprodukten, als bei Arzneimitteln. Nur bei den Arten des Inverkehrbringens für Arzneimittel ist ein umgekehrter Trend zu beobachten. Verbesserungsvorschläge sind in allen Kategorien außer den Arten des Inverkehrbringens bei Medizinprodukten präsenter vertreten.

Übergreifende Aussagen

Kritik am jetzigen Vorgehen

Teilweise werden Produkte als Medizinprodukte auf den Markt gebracht, die eigentlich Arzneimittel sind. *„Und wenn etwas, was doch sehr nach Arzneimittel aussieht, dann als Medizinprodukt registriert wird, dann sind das wahrscheinlich deutlich andere und vielleicht nicht so genau passende Bedingungen"* (B2). Arzneimittel als Medizinprodukte in Verkehr zu bringen *„ist eine interessante [regulatorische] Lücke, wo immer wieder versucht wird, sich aus den streng [...] kontrollierten Arzneimitteln rauszumogeln"* (B2). *„[D]amit [sind] die ganzen schönen Anforderungen an Wirksamkeit und Sicherheit und deren ausgiebige Darstellung weg [...], ein CE-Zertifikat des TÜVs reicht aus"* (B2). *„Sie müssen mit den Medizinprodukten in erster Linie zeigen, dass es technisch okay ist, dass es sauber ist, dass es tatsächlich das ist, was sie behaupten, dass es ist. Die ganzen [...] sehr gut definierten Aufwände an Wirksamkeit und Sicherheit, die sind dann nicht mit drin"* (B2).

Bewährte Vorgehensweisen

Aus den Interviews konnten keine generellen bewährten Vorgehensweisen extrahiert werden. Die genannten Vorgehensweisen sind alle produktspezifisch.

Limitationen

Produkte, bei denen strittig ist, ob sie als Arzneimittel oder Medizinprodukt zugelassen werden sollen, werden von Herstellern vorzugsweise als Medizinprodukt in den Verkehr gebracht *„einfach, weil es viel schneller und einfacher geht"* (B2).

Tabelle 13: Präsenz der Themenfelder in den Bewertungen bei den Überwachern

	Kritik	Bewährt	Limita-tionen	Verbes-serung
Inverkehrbringen (generell)	6	2	1	0
Inverkehrbringen (generell)\AM-generell	5	5	2	1
Inverkehrbringen (generell)\MP-generell	13	15	15	8
Arten des Inverkehrbringens	0	0	0	0
Arten\AM-Arten	3	2	5	3
Arten\MP-Arten	2	1	0	2
Unterlagen zum Inverkehrbringen	0	0	0	0
Unterlagen\AM-Unterlagen	0	1	2	3
Unterlagen\MP-Unterlagen	2	12	6	8
An das Produkt angepasste Verfahren	0	0	0	0
An das Produkt angepasste Verfahren\AM-ange-passte Verfahren	2	9	2	1
An das Produkt angepasste Verfahren\MP-ange-passte Verfahren	1	11	5	1
Sicherheitsanforderungen nach dem Inverkehr-bringen	0	0	0	0
Sicherheitsanforderungen nach dem Inverkehr-bringen\AM-Sicherheit_nach_IV	1	4	6	1
Sicherheitsanforderungen nach dem Inverkehr-bringen\MP-Sicherheit_nach_IV	12	7	14	12
Sonstige Aspekte	0	0	0	0
Sonstige Aspekte\AM-Sonstiges	0	0	0	0
Sonstige Aspekte\MP-Sonstiges	1	1	0	1
Synthese/Synopse	0	0	0	0

Verbesserungsvorschläge

Übergreifende Aussagen über Verbesserungen wurden nicht getroffen. Die genannten Verbesserungsvorschläge sind alle produktbezogen.

Bewertungen der Arzneimittelthemen

Kritik am jetzigen Vorgehen bei Arzneimitteln

Ob ein Arzneimittel zugelassen wird und ob es erstattet wird *„sind zwei völlig unterschiedliche Fragestellungen [...] gelegentlich gibt es sicher Abgrenzungsprobleme und Überschneidungen und vielleicht auch mal den Anschein eines Widerspruchs"* (B2). Vor allem für Patienten ist das oft nicht nachvollziehbar, *„weil einfach dann zu viele verschiedene Köche mitmischen"* (B2). Bei der Erstattung gibt es aufgrund von landes-/regionsspezifischen Regularien Widersprüche.[30] Bei Agencies ist die Frage, *„inwieweit sie tatsächlich noch so unabhängig sind [...]. Und dann [wäre der Preis, der gezahlt werden müsste] im Endeffekt sicher irgendwo [die] Patientensicherheit"* (B2).

„44 unabhängige nationale Behörden in Europa ist ein Anachronismus. [...] Es macht keinen Sinn, das ist eine Verschwendung von Ressourcen, wenn [die Zulassung von Medikamenten] Frankreich, Deutschland, und England parallel machen" (B2). *„So wurschteln die meisten in ihrem eigenen Saft, für die Generika, und erst wenn sich zwei streiten, wird das nach London gegeben"* (B2). Vor allem bei Generika ist fraglich, ob die große Vielfalt an Anbietern Sinn macht (B2).[31]

In Zukunft wird es schwierig werden eine faire Lösung für den Risikomanagementplan zu finden, wenn der Originator diesen initiiert hat und generische Firmen beginnen, das gleiche Produkt auf den Markt zu bringen (B2).

Bewährte Vorgehensweisen bei Arzneimitteln

B2 beschreibt die Zulassung bei Arzneimitteln als *„alternativlos. Was ist die Alternative? Wenn wir hier keine Hürde mehr einbauen, dann ist dem Verkauf von Wunderwässern Tür und Tor geöffnet"* (B2). Der Hauptzweck der Zulassung ist die *„Sicherstellung einer Versorgung mit sicheren Arzneimitteln mit einem positiven Nutzen-Risiko-Verhältnis"* (B2). Das Zentralisierte Verfahren wird von B2 als sinnvoll bewertet: *„Es macht sicherlich Sinn für innovative Produkte,*

---

[30] B2: „[D]ie Frage der Erstattung, Preise und ähnliches, ist natürlich von Land zu Land, teilweise von Region zu Region massiv unterschiedlich. Auch daher resultieren sicherlich Widersprüche."

[31] B2: „Generische Produkte haben ihre Daseinsberechtigung in erster Linie dadurch, dass sie günstiger sind, was wichtig ist. Umgekehrt muss man natürlich sagen: Macht das 96. Propranolol tatsächlich noch Sinn?"

neue Wirkstoffe, große neue Indikatoren zu sagen, dass sich Europa zusammentut" (B2).

„Ja, so, und deswegen, wenn wir schon das Netzwerk haben, da macht es dann durchaus Sinn, auch da parallel die verschiedenen nationalen Verfahren [...] in ihrer Kombination als MRP oder DCP stehen zu lassen" (B2).

Bezüglich der Unterlagen wird es als gut bewertet, dass es *„jederzeit die Möglichkeit [gibt], praktisch alles Beliebige [an Unterlagen] nachzufordern"* (B2).

B2 schätzt unterschiedliche Zulassungsverfahren für Generika, Biosimilars oder auch Orphan Drugs sowie die Standardzulassung, der Hybridantrag, die bibliographische Zulassung und die Zulassung unter außergewöhnlichen Bedingungen ('exceptional circumstances') als sinnvoll ein.[32] Auch sieht B2 die Zulassungsdauer von 210 Tagen bei der zentralisierten Prozedur nicht als innovationshemmend. Die zentrale Zulassung hemmt wenn überhaupt dadurch, dass sie nicht alles auf den Markt lässt *„aber das ist [ihre] Aufgabe"* (B2), denn das wichtigste ist: Die Patientensicherheit ist durch die Zulassung so weit wie möglich sichergestellt. Auch Generika sind wichtig, vor allem weil sie günstiger sind (B2).

Durch Neuerungen wie der Pharmakovigilanz-Gesetzgebung, die Stärkung der Post-Marketing-Authorisation, die Möglichkeit Post-Authorisation Safety und Efficacy Daten anfordern zu können und die Schaffung des Pharmacovigilance Risk Assessment Committees (PRAC) sind gute Entwicklungen und erhöhen die Sicherheit nach dem Inverkehrbringen. Jetzt muss überprüft werden, ob ggf. noch irgendwo nachjustiert werden muss (B2).

Limitationen bei Arzneimitteln

Ob der Patient ein Arzneimittel auch wirklich bekommt, wird nicht nur durch die Zulassung, sondern auch durch Erstattungsfragen beeinflusst (B2). Bei einer behördlichen Lösung gibt es keine Verbindung zwischen dem, was die Behörde einnimmt und dem, was sie leisten kann. Bei einer Agency ist schwierig, dass der Assessor weiß, dass sein Job davon abhängt, wie viele Aufträge er bekommt (B2).

Die Differenzierung nach nationalen, dezentralen und zentralen Zulassungsverfahren *„ist in Europa wahrscheinlich nicht anders zu machen"* (B2). Der Großteil der Zulassungen sind generische Produkte, *„das könnte gegenwärtig eine europäische zentrale Einheit überhaupt nicht stemmen [...] also muss das im*

12: „Ein Generikum ist was anderes, [...] es macht keinen Sinn da eine große Wirksamkeitsstudie zu führen. Orphan Drugs brauchen was Besonderes, Biosimilars, wie ich auf der Liste gerade sehen, haben natürlich ihre eigene Gesetzgebung. Nein, macht sicherlich Sinn."

Netzwerk mit den europäischen Behörden laufen". Außerdem haben manche Länder vielleicht nicht das Know-How, die Studien richtig zu bewerten.[33] Die Frage, wie stark man zentralisieren will, ist zum großen Teil eine politische Frage (B2). Momentan kann in einigen Verfahren ausgewählt werden, welchen Rapporteur oder Co-Rapporteur eine bestimmte Firma zur Bewertung ihrer Zulassung gerne hätte. Dieser Freiraum wird sicherlich von den Firmen strategisch genutzt. *„[A]lles andere wäre Dummheit"* (B2).

Zu den Unterlagen bemerkt B2: Zur Zulassung reicht es aus, wenn gezeigt wird, dass ein Produkt nicht schlechter ist als bestehende Produkte. Die Trennung von Zulassung und Pricing führt *„gelegentlich auch zu Reibungsverlusten [und] potenziell Doppelarbeit"* (B2), auch bei den Herstellern.

Nach den Gesetzesänderungen, die die Sicherheitsanforderungen nach der Zulassung verbessern sollen, müssen zunächst einmal Erfahrungen mit der praktischen Umsetzung gesammelt werden. Früher oder später müssen die Gesetze nach Einschätzung von B2 wieder neu angepasst werden. Die Umsetzung der neuen Regularien ist bei Arzneimitteln, die schon lange auf dem Markt sind, schwierig. Welches der Unternehmen, die ein bestimmtes Produkt auf dem Markt haben, im Endeffekt den Risk-Management-Plan umsetzt, ist kein juristisches, sondern ein praktisches Problem bei der Umsetzung. Eine weitere Einschränkung ist, dass die Zulassung nicht vor sehr seltenen Nebenwirkungen schützen kann. Wenn diese auffallen, gibt es Rückrufe. Studien vor der Zulassung können dies nicht abdecken (B2).

Verbesserungsvorschläge bei Arzneimitteln

Agencies könnten leistungsfähiger sein als die momentane behördliche Lösung[34] und nationale Behörden könnten als Netzwerk unter dem Dach der EMA organisiert werden. Außerdem ist generell eine stärkere Zentralisierung der Koordination (z. B. bei der Dezentralen Zulassung) wünschenswert (B2).

In Zusammenhang mit den Unterlagen wünscht sich B2 eine klare Herausarbeitung des ‚Added Benefits' und Head-to-Head Vergleiche schon bei der Zulassung. Es wäre gut, schon im Rahmen des Scientific Advice gemeinsam zu besprechen, welche Unterlagen gefordert werden, sowohl für die Zulassung als auch für die Erstattung. *„Ich würde mir [außerdem] wünschen, [die Zulassungs-*

---

[33] B2: „Und wenn Slowenien, Estland und Island das machen, bin ich mir nicht sicher, ob die jeweils immer den richtigen wissenschaftlichen Muskel haben, das auch zu stemmen."

[34] B2: „Es gibt einen theoretischen Concern, dass man dadurch stärker gebührenabhängig wird. Es scheint aber so zu sein, dass die Agencies insgesamt besser agieren können und möglicherweise leistungsfähiger sind."

*unterlagen] wären dünner. Jetzt zu sagen, worauf ich von vornerein verzichte,
nein [das kann ich nicht]"* (B2).

Es wird momentan viel ausgetestet, um die Sicherheit nach dem Inverkehrbringen zu erhöhen. Momentan wird z. B. im Rahmen eines Pilotprojekts evaluiert, ob die Publikation des RMP-Assessments als alleinstehender Bericht sinnvoll ist. Solche Versuche sind wichtig (B2).

Bewertungen der Medizinproduktethemen

Kritik am jetzigen Vorgehen bei Medizinprodukten

T1 bemängelt an dem System in den USA, das teilweise als mögliches Vorbild für das europäische System zum Inverkehrbringen gesehen wird, dass es dort drei bis fünf Jahre länger dauert, bis ein Produkt zertifiziert ist. Das hindere die Innovationskraft.

B2 kritisiert: *„Medizinprodukte sind nach wie vor in keiner Weise zentralisiert, da kocht jedes Land sein eigenes Süppchen"* (B2). Wenn nicht in Deutschland zertifiziert wurde, müssen die deutschen Behörden erst einmal mitbekommen, dass ein Produkt hier auf dem Markt ist. *„Das kriegen wir möglicherweise erst mit, wenn wirklich etwas passiert"* (B2). Besonders problematisch ist es, wenn die Produkte in Ländern mit schlechter Qualifikation des Personals der Überwachungsstellen und gleichzeitig hoher Bestechlichkeit zertifiziert werden. B1 berichtet: Bei einer Benannten Stelle, die es inzwischen nicht mehr gibt, war die Zertifizierung nur ein Kaffeetrinken. Einzelne Kunden kamen wegen der schlechten Qualität der Benannten Stellen im Ausland wieder zu deutschen Benannten Stellen zurück. *„[Der Kunde kam zurück, weil er] war [...] an sich jemand, der zum Glück auch Wert auf Qualität legte"* (B1). Außerdem müssen Hersteller teilweise sehr lange warten (ein Kunde nannte ein dreiviertel Jahr), bis sie von den großen Benannten Stellen Termine bekommen. Abmachungen werden zudem nicht immer eingehalten.[35] Vor allem für kleine Unternehmen hängt jedoch die Existenz von einer zügigen (Re-)Zertifizierung ab (B1).

Durch die hohen Anforderungen an Benannte Stellen in Deutschland können hier Dienstleistungen nicht so preiswert angeboten werden, wie im Ausland und es ist sehr schwer, geeignete Auditoren zu finden. Außerdem werden die Normen, die zu erfüllen sind, immer umfangreicher (B1).

---

[35] B1: „Im Moment kommen zu uns tatsächlich Kunden, die sagen: Wir kriegen von den drei Großen keine Termine, werden nur abgebügelt, es wird ihnen immer etwas versprochen, keiner hält es."

Zu den verschiedenen Arten des Inverkehrbringens meint B1: Die Trennung zwischen aktiven und sonstigen Medizinprodukten erscheint nicht sonderlich sinnvoll: *„Das Vorgehen ist immer das Gleiche"* (B1). Eine Aufnahme der IVDs in die anderen EU-Richtlinien zu Medizinprodukten scheint hingegen nicht sinnvoll (B1).[36]

B1 kritisiert, dass bei den Unterlagen, die Hersteller zum Inverkehrbringen einreichen müssen, *„immer weiter neue Anforderungen dazu"* (B1) kommen. Zum Beispiel verändert sich momentan sehr viel im Bereich der Systemzertifizierung. *„[M]anches ist sicherlich von der Politik blinder Aktionismus"* (B1) und manche Probleme können auch immer noch nicht gelöst werden.[37]

T1 bemängelt, dass der länderübergreifende Informationsaustausch, der die Sicherheit nach dem Inverkehrbringen gewährleisten soll, zu lange dauert. Außerdem sind Ärzte eigentlich verpflichtet, Vorkommnisse zu melden. Ob dies aber immer getan wird, ist fraglich. Da gibt es Verbesserungsmöglichkeiten. B1 bemängelt, dass bei den neuen Regelungen der EU, die die Sicherheit nach dem Inverkehrbringen verbessern sollen, manches *„blinder Aktionismus"* (B1) ist. Als Beispiel nennt B1 die unangekündigten Audits: In einigen Ländern braucht man dafür ein Dauervisum, es gibt aber kein Dauervisum für China. Außerdem ist bei kleinen Firmen die Zeit, die die Angestellten der Benannten Stellen für die unangekündigten Audits vor Ort sein müssen, teilweise unangemessen lang und durch die unangekündigten Audits steigt auch die Nachfrage an Auditoren; dabei gibt es davon jetzt schon zu wenige.[38] Zusammenfassend ist zu sagen, dass die neue EU-Verordnung dazu führen kann, dass kleine Unternehmen ihre Produkte nicht mehr verkaufen können, da die Benannten Stellen nicht die Kapazitäten haben, diese zu zertifizieren. *„Das ist dann sicherlich nicht mehr im Sinne einer besseren Versorgung"* (B1). Außerdem, wenn man, wie im PIP-Skandal[39], mit genug krimineller Energie eine zweite Produktion aufbaut, würde das auch heute nicht auffallen. Auch die Bewertung der Warenflüsse ist nicht geeignet, dies zu ver-

---

[36] B1: „Ich weiß nur, dass die IVDs wohl in die normale EU-Richtlinie aufgenommen werden sollen. Ich habe gehört, dass das wohl überhaupt nicht sinnvoll sei. Ich selber habe aber keinen Einblick dazu. Ich kann dazu nichts sagen."

[37] B1: „Wie kann ich überprüfen, ob es noch eine versteckte Produktion mit anderen Materialen gibt, wenn mir die Verkaufszahlen nicht vorliegen?"

[38] B1: „Von dem TÜV ist eine nicht näher spezifizierte Aussage mal gefallen: Wenn das so umgesetzt wird, werden sie 50-60 Kunden [...] kündigen müssen, weil sie einfach nicht genug Auditoren dafür haben."

[39] Das Unternehmen Poly Implant Prothèse (PIP) hatte bis 2010 Brustimplantate hergestellt, die mit Industriesilikon gefüllt waren. Dies fiel auf, weil es Hinweise auf eine erhöhte Reißanfälligkeit gab (Spielgel, 2013).

hindern, da diese auch gefälscht werden können. *„ Wer kriminell rangeht, schafft es immer"* (B1).

T1 formuliert vorsichtig, dass es außerdem Handlungsbedarf bei der Interaktion von BfArM und den Gewerbeaufsichtsämtern geben könnte. Des Weiteren stört T1, dass die Gesetzesänderungen im Falle der neuen europäischen Medizingeräteverordnung ca. zehn Jahre von Beginn der Diskussionen bis zur tatsächlichen Umsetzung dauern könnte. *„Das sollte etwas schneller gehen"* (T1).

Bewährte Vorgehensweisen bei Medizinprodukten

Generell wird das System zum Inverkehrbringen, wie es momentan existiert, als *„relativ gut"* (B1) bewertet. *„Das System hat durchaus auch Verbesserungspotenzial"* (T1), aber es wird daran gearbeitet. *„[Sowohl d]ie Europäische Kommission als auch die Hersteller und Benannten Stellen wollten eigentlich am alten System festhalten, weil wir da, denke ich mal, Vorteile sehen"* (T1). Auch B2 sieht das jetzige System als adäquat an: *„Das CE-Kennzeichen mag sicherlich Sinn machen für eine Bettpfanne, für ein Bett, für einen Rollstuhl, meinetwegen auch für einen elektrischen Rollstuhl"* (B2). Auch für Herzschrittmacher, *„also was durchaus Komplexes, Wichtiges, und Gefährliches, da [mögen die Regelungen zum Inverkehrbringen] hervorragend sein"* (B2).

Auch die Harmonisierung der Arbeitsweisen der Benannten Stellen wird positiv bewertet. T1 hält Maßnahmen, um die Arbeitsweise der Benannten Stellen zu harmonisieren, wie z. B. die Joint-Audits, für sinnvoll und B1 betont: Die Überwachung über das ZLG funktioniert gut und die Joint-Audits werden auch gut funktionieren. Mit den neuen Gesetzen auf europäischer Ebene werden sich die Benannten Stellen im Ausland auch mehr an die Regeln halten.

Weitere bewährte Themen sind, dass es sich z. B. bewährt hat Fachleute, wie z. B. Mediziner, intern zu beschäftigen. Das System der unabhängigen und neutralen Stellen, also externe, vom Hersteller bezahlte Zertifizierungsstellen, hat sich in Deutschland seit über 150 Jahren bewährt. Laut T1 gibt es keine Verbrüderung mit den Herstellern. Das Unternehmen von T1 pflegt zwar ein vertrauensvolles Verhältnis mit den Herstellern, aber das ist im Interesse der Sicherheit wichtig, da das Unternehmen so durch die Offenheit an wichtige Informationen herankommen. Auch langjährige Kunden werden genau überprüft und ggf. wird ihnen auch das Zertifikat entzogen (T1). B1 findet, dass die sehr hohen Vorgaben an die Qualifikation der Auditoren, sehr zur Sicherheit von Medizinprodukten beitragen. In Deutschland gibt es kaum Hersteller, die *„von Benannter Stelle zu Benannter Stelle springen. Sondern sie bleiben in der Regel, sobald sie nicht komplett unzufrieden sind, bei einer Benannten Stelle"* (B1). Außerdem bieten Deutsche Benannte Stellen eine sehr hohe Qualität (B1).

T1 findet es gut, dass bei den verschiedenen Arten des Inverkehrbringens In-vitro-Diagnostika unabhängig von den Regulierungen anderer Medizinprodukte bleiben sollen.

T1 bewertet die Grundlegenden Anforderungen, die ein Produkt erfüllen muss, um in Verkehr gebracht werden zu dürften, für ausreichend, um Patientensicherheit und -nutzen sicherzustellen. B1 betont, dass Sicherheit für Patienten, Anwender und Dritte immer nachgewiesen sein muss, bevor ein Produkt auf den Markt kommt. Auch das Konformitätsbewertungsverfahren ist *„ausreichend"* (T1) und erfüllt die Anforderungen. Wenn die entsprechenden Normen und Anforderungen erfüllt sind, kann man davon ausgehen, dass das Produkt sicher und leistungsfähig ist - auch bei Hochrisikoprodukten. Hierfür ist auch der Umfang der Studien ausreichend. Es ist auch gut, dass das Personal für die jeweiligen Aufgaben geschult sein muss, wie z. B. für die Prüfung der klinischen Bewertung (T1) oder für die Prüfung der Biokompatibilität (B1). Auf die Frage, ob irgendwo auch weniger geprüft werden könnte, antwortete B1, dass er nicht wüsste, wo weniger geprüft werden könnte.

Auf die verschiedenen Verfahren, die an bestimmte Produkte angepasst sind angesprochen, antwortet T1, dass die Klassifizierung, so wie sie momentan vorliegt, sinnvoll ist und Anhang II der Direktive, also ‚vollständiges Qualitätssicherungssystem' (Überprüfung des Qualitätssicherungssystems und der Produktauslegung), am häufigsten benutzt wird. B1 fügt hinzu, dass sich die Produktzertifizierung für die meisten Firmen bewährt hat. Die Einzel- und Stichprobenabnahme ist für kleinere Firmen geeignet, bei denen es weniger Neuerungen gibt. Außerdem sind die Wahlmöglichkeiten für die Hersteller sinnvoll (B1) und die unterschiedlichen Verfahren zum Inverkehrbringen stellen kein Gefahrenpotential dar. Keins ist *„einfacher"* als das andere. Die (Patienten-) Sicherheit ist in allen Zulassungsverfahren gegeben. Die Systemzertifizierung ist jedoch am flexibelsten (T1).

Auf die Frage, ob es ein zentrales Verzeichnis auch für Klasse IIa und IIb geben sollte, antwortet B1: *„ Ich sehe da aber auch eigentlich keine Probleme, weil die meisten Hersteller [...] gute Produkte auf den Markt bringen [wollen] und wenn die eine technische Dokumentation haben, werden sie auch anhand dieser produzieren. "*

Generell meint T1, dass die Sicherheitsanforderungen nach dem Inverkehrbringen ausreichend sind. Wenn es noch Auffälligkeiten gibt, muss dort nachgehakt werden. Auch die unangekündigten Audits sind eine sinnvolle Neuerung. Im sogenannten New Approach wurde sinnvollerweise festgelegt, die Verantwortung beim Hersteller zu belassen, da diese sonst niemand in dem erforderlichen Umfang übernehmen könnte. B1 findet, die Kommunikation zwischen Hersteller, BfArM und Benannter Stelle geschieht sehr schnell. Es ist gut, dass der Hersteller entscheiden muss, welche Gegenmaßnahmen eingeleitet werden und die Benannte Stelle diese dann überwacht. Auch die Überwachung der Benannten Stellen durch die ZLG funktioniert gut.

Abschließend formuliert T1: *„[D]as System, das momentan existiert, passt und kann funktionieren.*"

Limitationen bei Medizinprodukten

Auf die Frage, ob nicht auch eine Behörde Medizinprodukte zulassen könnte meint T1: Die EMA hat momentan wenig Erfahrung, was die gesammte Bandbreite der Medizinprodukte angeht. Diese zu etablieren dürfte schwierig werden. Außerdem macht ein Zulassungsverfahren durch Behörden wenig Sinn. So wie es jetzt ist, ist es noch nicht perfekt, aber besser als eine behördliche Lösung. Behörden arbeiten zu langsam, sind teuer und haben momentan das Know-How nicht. Dies bestätigt auch B1: Eine Behörde wäre sinnlos, da sie viel zu langsam wäre.

Eine weitere Limitation ist, dass Benannte Stellen von ihren Kunden abhängig sind: *„Natürlich gibt es die viel geforderte Unabhängigkeit als solche [...] natürlich faktisch nicht. Wir sind von unseren Kunden abhängig. Wenn wir keine Kunden haben, gehen wir pleite. Klar. Wir achten darauf, dass wir nicht einen Kunden haben, der viel ausmacht, wir haben viele kleine Kunden, wenn da ein, zwei wegbrechen, dann brechen sie weg. Punkt. Nichtsdestotrotz, Unabhängigkeit als solches gibt es nicht*" (B1).

Weitere Limitationen zum Inverkehrbringen sind laut B1: Die hohen Hürden zum Inverkehrbringen. Benannte Stellen sind *„relativ stark"* (B1) reglementiert in dem, was sie tun dürfen und müssen. Der gestiegene administrative Aufwand belastet alle Benannten Stellen, kleine aber noch etwas mehr als große. Es gibt kaum noch genug Auditoren. Auch wenn ein Zertifikat bei Klasse I Produkten nicht zwingend ist, werden die Produkte meist nur gekauft, wenn ein Zertifikat vorliegt. Daher kann es passieren, dass, wenn Hersteller zu lange vertröstet wurden und das Zertifikat nicht rechtzeitig verlängert werden kann, dieser Hersteller seine Produkte ggf. nicht mehr verkaufen kann. Außerdem werden bereitgestellte Checklisten nur selten benutzt.

Limitationen, die mit dem Umfang der einzureichenden Unterlagen zu tun haben sind: *„Man kann nie mit 100 prozentiger Sicherheit sagen, dass ein technisches Produkt keinen Schaden verursachen wird - ein Restrisiko bleibt immer"* (T1). Bei der Entscheidung, ob eine Behandlung erfolgreich ist, gibt es immer auch Ermessensspielraum: *„[Verschiedene] Mediziner werden dies durchaus auch unterschiedlich beurteilen"* (T1). Es muss auch immer das geistige Eigentum gewahrt bleiben (T1). Außerdem dürfen Benannte Stellen weder beraten noch einen strikten Aufbau der Dokumente verlangen. Auch müssen die eingereichten Zertifikate kritisch überprüft werden, da ihnen nicht blind getraut werden darf (B1).[40]

Bei den verschiedenen, an das jeweilige Produkt angepassten Verfahren ist laut B1 zu bedenken, dass es ein *„durchaus hoher Aufwand"* (B1) ist, ein Qualitätsmanagementsystem (QM-System) aufzubauen. Einfacher aber auch unflexibler ist die Produktzertifizierung. Bei der Produktzertifizierung will der Hersteller oft immer den gleichen Prüfer. Der kennt das Produkt und weiß, was er sich angucken muss. Das ist vor allem in Urlaubszeiten schwierig sicherzustellen.es könnte zwar sein, dass ein Hersteller an der technischen Dokumentation vorbei produziert, diesbezüglich *„wüsste ich aber nicht, dass das jemals passiert ist"* (B1). Der Markt ist zu stark umkämpft, als dass Hersteller Abstriche bei der Qualität machen würden. Generell bleibt aber zu bedenken, dass mit genug krimineller Energie jedes Sicherheitssystem umgangen werden kann (B1).

Die Marktüberwachung ist eine Möglichkeit, die Sicherheit nach dem Inverkehrbringen zu beeinflussen. In Deutschland sind die Gewerbeaufsichtsämter für die Marktüberwachung zuständig. Laut T1 ist es unklar, inwiefern sich die unterschiedlichen Ämter austauschen. Außerdem ist das Budget zur Marktüberwachung limitiert. *„[A]uf europäischer Ebene [ist die Marktüberwachung] wahrscheinlich dann nochmal ein Stückchen"* (T1) unkoordinierter als in Deutschland.

Auch bei den Vorkommnismeldungen gibt es Limitationen, die beachtet werden müssen: Informationen über Vorkommnisse bekommt T1 momentan vom Hersteller, durch Anfragen bei Behörden oder von Webseiten einiger zuständiger Behörden. Es ist häufig schwierig einzuschätzen, ob Fehler vom Medizinprodukt selbst verursacht werden oder ob es die fehlerhafte Anwendung ist (T1). B1 gibt auch zu bedenken, dass es schwierig ist, Vorfälle richtig zu bewerten. Als Beispiel nennt B1 einen losen Griff bei einem Rollstuhl. Dieser kann sowohl ein potentielles Vorkommnis sein oder ein schwerwiegendes, da jemand im schlimmsten Fall dadurch auch zu Tode kommen kann. Es ist auch sehr schwierig, nach der Schwere des Schadens zu gehen. Sind z. B. kleine häufige Probleme schlimmer oder weniger schlimm als ein Todesfall, der bei 200.000 Produkten nur einmal vorgekommen ist? Diese Frage ist laut B1 kaum eindeutig zu beantworten.

---

[40] B1: „Nur weil ich ein Zertifikat habe ‚Biokompatibilität erfüllt', heißt das ja nicht, dass die Annahmen, die zur Durchführung dieses Tests führten, korrekt sind."

Zusätzlich dazu ist generell auch zu beachten, dass laut T1 Hersteller ihre Pflichten unterschiedlich wahrnehmen: *„[E]s gibt auch Hersteller, die nehmen ihre Pflichten ernster und manche, für die ist es gerade recht, wenn sie das Minimum erfüllen"* (T1). *„Also wenn Sie das System missbrauchen, indem Sie eine kriminelle Aktivität entwickeln, damit können Sie alles aushebeln, was vorher gut war. Und das ist dann eben ein Fall für die Strafgesetzgebung aber nicht für die Medizinproduktegesetzgebung"* (T1). Eine Behörde (oder auch eine Benannte Stelle) kann den Aufwand nicht leisten, den der Hersteller betreibt, um die notwendigen Untersuchungen durchzuführen und zu dokumentieren, um dadurch die Sicherheit zu gewährleisten. Leider kosten zusätzliche Sicherheitsmaßnahmen Geld, das dann auf die Produkte und damit indirekt auf die Krankenkassen abgewälzt wird. Da *„[m]uss man auch versuchen, irgendwo einen Kompromiss zu finden"* (T1). Auch die Möglichkeit, unangekündigte Audits durchzuführen, ist vor allem bei kleinen Unternehmen oder Herstellern, die im Ausland produzieren, schwierig. Bei kleinen Herstellern muss nicht immer jemand vor Ort sein und im Ausland gibt es nicht für alle Länder das dafür notwendige Dauervisum (B1).

Verbesserungsvorschläge bei Medizinprodukten

„Die Harmonisierung der Benannten Stellen, das ist ein großes Thema. Und ich denke mal dort wird auch schon Fortschritt gemacht, der eben noch intensiviert werden muss" (T1). B2 geht noch einen Schritt weiter und spricht sich für eine zentrale Zulassung für Medizinprodukte aus, vor allem für die komplexen Produkte. Auch würde B2 ein zentrales Zulassungsverfahren für Medizinprodukte, ähnlich dem für Arzneimittel, auf europäischer Ebene für sinnvoll halten. T1 hält eine Stärkung und Vereinheitlichung des Nachweises der klinischen Performance für sinnvoll und spricht sich dafür aus, dass Benannte Stellen obligatorisch auch Mediziner eingestellt haben sollten.

Mit Bezug auf die verschiedenen Arten des Inverkehrbringens ist T1 der Meinung, dass, wie momentan geplant, die Aktive Implantate Direktive (AIMD) und die Medizinprodukterichtlinie (MDD) sinnvollerweise zusammengelegt werden.

Bezüglich der einzureichenden Unterlagen fordert T1 die Präzisierung der Kriterien, mit denen überprüft wird, ob ein Produkt mit einem anderen vergleichbar ist oder nicht, also ob ein Literaturverfahren ausreicht oder nicht. Außerdem spricht sich T1 für eine Verbesserung der klinischen Prüfung aus. Generell wäre ein größerer Umfang an Unterlagen in Ordnung, wenn damit der Nachweis über die Sicherheit und Leistungsfähigkeit der Medizinprodukte sichergestellt oder verbessert werden kann. Es sollte auch weiterhin möglich sein, Ergebnisse klinischer Studien auf vergleichbare Produkte zu übertragen (T1). B1 schlägt vor, dass man die Statistik der Vorfälle analysieren sollte, um herauszufinden, in welchen Bereichen mehr Studien gefordert werden sollten. Außerdem beschleunigen standardisierte Leitfäden das Verfahren zum Inverkehrbringen. Bei der Validierung von Prozessen könnte wie bei Medizinprodukten auch nach Risiko differenziert werden.

Nach Verbesserungsvorschlägen bei verschiedenen, an das Produkt angepassten Verfahren gefragt, schlägt B1 vor: Es soll ja ein funktionierendes zentrales Implantatverzeichnis geben, das würde auch bei der Überwachung helfen und könnte auch bei anderen Klasse III Produkten funktionieren. Außerdem könnte über eine Zusammenfassung der Anforderung der verschiedenen Anhänge nachgedacht werden.

T1 schlägt zur Verbesserung der Sicherheit nach dem Inverkehrbringen eine Harmonisierung der Marktüberwachung auf europäischer Ebene z. B. durch Schaffung einer gemeinsamen Datenbank vor. Diese kann auch zur besseren Überwachung der Langzeitperformance von Medizinprodukten benutzt werden. Außerdem sollte es eine europäische Plattform zum Austausch über die Performance von Medizinprodukten geben - mit Zugang für Benannte Stellen, damit sich diese vor den Audits dort informieren können. Eudamed[41] gibt es schon, muss aber noch richtig zum Laufen gebracht werden. Des Weiteren wünscht sich T1, dass Vorfälle einheitlich gemeldet und gehandhabt werden sollten: *„Also einmal seitens der Mediziner, dass sie es überhaupt tun, und dann mit welchen Inhalten und z. B. durch welchen Event ausgelöst und auf der anderen Seite auch bei den Herstellern. [...] Es ist eine riesige Aufgabe, ich weiß es, aber dass man eben dann bei den Benannten Stellen, bei den Herstellern, bei den Behörden, versucht, nach einheitlichen Standards zu arbeiten"* (T1). Außerdem sollte es bei der Marktüberwachung ein Mindestmaß an Aktivitäten geben, die je nach Auffälligkeit des Produkts durchgeführt werden müssen. Das könnte auch in einem europäischen Netzwerk organisiert werden. In diesem Netzwerk könnten auch verschiedene Länder verschiedene Produktschwerpunkte übernehmen. Oder ein Mindestbudget, das für die Marktüberwachung ausgegeben werden sollte. *„Ich denke, da kann man auch etliches harmonisieren und effizienter gestalten"* (T1). Außerdem spricht sich T1 für eine Beschleunigung der Gesetzgebungsverfahren bei *„wesentlichen Verfahren"* (T1) wie dem Inverkehrbringen von Medizinprodukten aus.

Im folgenden Kapitel wird auf die spezielle Sichtweise der Hersteller eingegangen.

---

[41] Eudamed ist eine Europäische Datenbank für Medizinprodukte. Informationen über Medizinprodukte werden seit Mai 2011 nicht mehr auf nationaler sondern über Eudamed auf europäischer Ebene gesammelt (DIMDI, 2014).

3.2.4   Perspektiven der Hersteller

Die Textanalyse ergab, dass bei den Herstellern Verbesserungen zu sonstigen Aspekten von Arzneimitteln am präsentesten waren (8-mal genannt), gefolgt von Aussagen zu bewährten Vorgehensweisen bei der Zulassung von Arzneimitteln generell (7-mal). An dritter Stelle folgen die Themen: Bewährte Verfahren zur Sicherheit nach dem Inverkehrbringen und angepasste Verfahren bei Arzneimitteln sowie angepasste Verfahren und generelle Aussagen zum Inverkehrbringen bei Medizinprodukten (jeweils 5-mal genannt). Außerdem wurde Kritik zu sonstigen Aspekten von Arzneimitteln auch 5-mal geäußert.

Die wichtigsten Verbesserungsvorschläge bei sonstigen Themen zu Arzneimitteln waren bessere Mechanismen zur Preisfestlegung und die Forderung, zur Sicherstellung einer guten Versorgung, wichtige Arzneimittel von den Rabattverträgen auszunehmen.

Die wichtigsten Aussagen zu bewährten Themen beim Inverkehrbringen von Arzneimitteln waren, dass das System gut funktioniert und etabliert ist sowie, dass die schärferen Anforderungen an Studien zur Sicherheit beitragen.

Präsenz der Themenfelder in den Bewertungen

Wie in Tabelle 14 zu sehen, wurden bei Arzneimitteln ‚Arten des Inverkehrbringens', ‚Unterlagen zum Inverkehrbringen', ‚Sicherheit nach dem Inverkehrbringen' und ‚sonstige Aspekte' ausgeprägter kritisiert, als bei Medizinprodukten. Bei Aussagen zu bewährten Verfahren waren folgende Themengebiete bei Arzneimitteln präsenter als bei Medizinprodukten: ‚Sicherheit nach dem Inverkehrbringen', ‚angepasste Verfahren', ‚Arten des Inverkehrbringens' und ‚generelle Aussagen zum Inverkehrbringen'. ‚Angepasste Verfahren' und ‚Unterlagen zum Inverkehrbringen' stehen bei Medizinprodukten stärker im Fokus. Limitationen wurden bei Medizinprodukten im Bereich ‚Sicherheit nach dem Inverkehrbringen', ‚angepasste Verfahren' und ‚generelle Aussagen zum Inverkehrbringen' als präsentere Themen als bei Arzneimitteln identifiziert. Zu den verschiedenen Arten des Inverkehrbringens wurden bei Arzneimittel mehr Limitationen als bei Medizinprodukten geäußert. Verbesserungsvorschläge wurden vor allem bei ‚sonstigen Aspekten' für Arzneimittel geäußert. Ebenso wurden bei Arzneimitteln Verbesserungsvorschläge in Bezug auf die ‚Sicherheit nach dem Inverkehrbringen' und bei ‚generellen Aussagen zum Inverkehrbringen' häufiger geäußert als bei Medizinprodukten.

Tabelle 14: Präsenz der Themenfelder in den Bewertungen bei den Herstellern

	Kritik	Bewährt	Limitati-onen	Verbesse-rung
Inverkehrbringen (generell)	0	0	0	0
Inverkehrbringen (generell)\AM-generell	0	7	0	3
Inverkehrbringen (generell)\MP-generell	0	5	2	0
Arten des Inverkehrbringens	0	0	0	0
Arten\AM-Arten	1	4	3	0
Arten\MP-Arten	0	0	0	1
Unterlagen zum Inverkehrbringen	0	0	0	0
Unterlagen\AM-Unterlagen	1	1	2	0
Unterlagen\MP-Unterlagen	0	2	2	0
An das Produkt angepasste Verfahren	0	0	0	0
An das Produkt angepasste Verfahren\AM-ange-passte Verfahren	0	5	0	0
An das Produkt angepasste Verfahren\MP-ange-passte Verfahren	0	5	2	0
Sicherheitsanforderungen nach dem Inverkehr-bringen	1	1	0	0
Sicherheitsanforderungen nach dem Inverkehr-bringen\AM-Sicherheit_nach_IV	3	4	0	2
Sicherheitsanforderungen nach dem Inverkehr-bringen\MP-Sicherheit_nach_IV	0	3	1	0
Sonstige Aspekte	0	0	0	0
Sonstige Aspekte\AM-Sonstiges	5	0	0	8
Sonstige Aspekte\MP-Sonstiges	3	0	0	2
Synthese/Synopse	0	0	0	0

Bewertungen der Arzneimittelthemen

Kritik am jetzigen Vorgehen bei Arzneimitteln

Der Konzern von A1 (ein international aufgestellter Konzern) macht von den nationalen Verfahren sowie der MRP und der DCP nur noch in Ausnahmefällen Gebrauch. Die umfangreichen Gutachten zum Einfluss von eingenommenen Arzneimitteln auf die Umwelt (‚environmental risk assessment') werden laut A1 überbewertet. Der *„Aufwand, der in der Industrie betrieben werden muss, um diese Unterlagen vorzubereiten, steht meines Erachtens nicht im Verhältnis zum Nutzen"* (A1).

Außerdem vermutet A1, dass es bei den Meldungen von Nebenwirkungen noch eine große Dunkelziffer gibt, zum einen weil Patienten, zum anderen weil Ärzte diese nicht melden. In seltenen Einzelfällen zeigte sich, dass die Zulassungsunterlagen nicht ausreichend waren (A1).

A1 bemängelt, dass die Bedeutung des medizinischen Fortschritts in der öffentlichen Diskussion zu wenig berücksichtigt wird. Es wird immer nur auf die Risiken und die Kosten geschaut. Die sich ständig nach unten weiterentwickelnde Preisspirale macht A1 Sorgen. Das verlangsamt den medizinischen Fortschritt und führt zu Lieferunfähigkeiten. Durch den Festbetrag war ein Unternehmen, bei dem A1 arbeitete, gezwungen, ein bestimmtes Produkt für Kinder unter den Herstellungskosten anzubieten. Alle anderen (Generika-)Hersteller sind da ausgestiegen und das Unternehmen von T1 hatte Probleme, intern zu argumentieren, warum dieses Produkt für Kinder weiter angeboten wird. *„[M]an kann keine wirtschaftlich agierende Firma dazu zwingen, ein Produkt unter Herstellungskosten abgeben zu müssen"* (A1).

Bewährte Vorgehensweisen bei Arzneimitteln

„Das System der Zulassung hat sich fest etabliert in Deutschland, auch in den anderen Mitgliedstaaten der Europäischen Union, von daher funktioniert das auch gut" (A1). A1 fällt auch momentan nichts ein, das man an dem System noch verbessern könnte. Die gestiegene Anzahl an Studien und die Fallzahl der Studien gewährleistet, dass die Sicherheit neuer Arzneimittel ausreichend ist. Die Härtefallprogramme haben sich bewährt, um bedürftigen Patienten bestimmte Arzneimittel auch schon vor der Zulassung zur Verfügung stellen zu können. Die Dauer des Zulassungsverfahrens hält A1 für angemessen, auch da es die Möglichkeit eines beschleunigten Verfahrens gibt (A1).

Die verschiedenen Verfahren der Zulassung haben ihre Berechtigung, da sie zusammen ausreichend Spielraum für strategische Entscheidungen bieten. Das Zentralisierte Zulassungsverfahren hat sich bewährt. Es ist auch zu begrüßen, dass nicht alle Arzneimittel darüber zugelassen werden können. Bereits in bestimmten Mitgliedsstaaten der EU zugelassene Arzneimittel können über nationale Verfahren oder die MRP zugelassen werden. Auch das ist zu befürworten (A1).

Die Zulassungsunterlagen sind ausreichend, um die Sicherheit der Patienten sicherzustellen und die verschiedenen angepassten Verfahren sind sinnvoll (A1).

"[D]iese neuen Systeme [, also das Pharmakovigilanz-System und das Risikomanagementsystem, halte ich] für ein wertvolles Instrument, um die Sicherheit der Arzneimittel weiter zu erhöhen" (A1). Harte Sanktionen nach der Zulassung müssen nur sehr selten ergriffen werden, da *"durch die hohe Regulierung 99% der Arzneimittel ausreichend geprüft worden sind"* (A1). Bei manchen sehr alten Arzneimitteln zeigt sich über die Periodic Safety Update Reports (PSURs) manchmal, dass es doch ein Risiko gibt, was bis jetzt noch nicht beachtet wurde. Das System der PSURs *"dient als ein weiteres Sicherheitsnetz"* (A1).

Limitationen bei Arzneimitteln

"Aus historischen Gründen werden noch eine lange Zeit alle drei Zulassungsverfahren nebeneinander bestehen bleiben" (A1). Außerdem können bestimmte Arzneimittel nur über das zentrale Verfahren zugelassen werden. Aufgrund des hohen Arbeitsaufwands auf Seiten der Behörden und der Hersteller ist die Anzahl der Zwangsharmonisierungen begrenzt (T1).

Außerdem ist zu beachten, dass sehr seltene Nebenwirkungen meist nur *"nach der Marktzulassung im Rahmen der Post-Marketing-Surveillance, oder der Marktbeobachtung, gefunden, klassifiziert und auch den Behörden dann gemeldet werden"* (T1) können. Welche Unterlagen einzureichen sind, ist vom Gesetzgeber festgelegt (T1).

Verbesserungsvorschläge bei Arzneimitteln

Laut A1 ist an manchen Stellen noch eine Beschleunigung der Zulassung vorstellbar. Man *"denkt darüber nach, wie man diese Möglichkeiten einer Vermarktung vor der Zulassung [z. B. im Rahmen von Härtefallprogrammen] bei schwerwiegenden Erkrankungen, für bestimmte Patienten, weiter ausweiten kann"* (A1).

Es sollten *"Ärztekammern, die kassenärztlichen Vereinigungen, also im Grunde die ärztlichen Organisationen"* (A1) die Wichtigkeit des Meldens von Vorkommnissen noch stärker in das Bewusstsein rufen. Auch bei Patienten könnte das Bewusstsein, Nebenwirkungen zu melden, verstärkt werden (A1).

Ansonsten wünscht sich A1 mehr Transparenz in der Entscheidung über die Erstattungspreise mit klaren Richtlinien, wie die Preise zustande kommen. Auch wäre es gut, um die Versorgung sicherstellen zu können, bei wichtigen Arzneimitteln wie Antibiotika und Impfstoffen kein Gebrauch mehr von Rabattverträgen zu machen. Außerdem sollte vor allem bei den Rabattverträgen darauf geachtet werden, dass es für bestimmte Klassen von Arzneimitteln immer drei bis fünf Hersteller gibt und die Preise nach unten hin begrenzt sind. Darüber hinaus sollte der Hersteller eine Möglichkeit haben, den Festbetrag mit zu beeinflussen (A1).

Bewertungen der Medizinproduktethemen

Kritik am jetzigen Vorgehen bei Medizinprodukten

„Was stört ist, dass teilweise in den Medien behauptet wird, Produkte mit legaler CE-Kennzeichnung hätten keinen nachgewiesenen medizinischen Nutzen" (B3).

Bewährte Vorgehensweisen bei Medizinprodukten

Das momentane Vorgehen hält B3 für sinnvoll; auch in Hinblick auf Patientennutzen und Patientensicherheit. Dadurch, dass es mehrere Benannte Stellen gibt, werden Engpässe vermieden. Außerdem sollten eigentlich Benannte Stellen personell ausreichend ausgestattet sein, um ihre Aufgaben zu erfüllen. Vor allem da auch Subcontracting erlaubt ist (B3).

B3 sieht kein Problem für die Sicherheit von Patienten durch die verwendeten Studiendesigns und Fallzahlen von 30 Patienten.

Bei den Verfahren, die an die Produkte angepasst werden, haben sich laut B3 die verschiedenen Konformitätsbewertungsverfahren bewährt. Ein gelebtes QM-System verbessert sich ständig selbst und funktioniert genauso gut wie Einzelproduktprüfungen. Außerdem gibt es eine doppelte Überwachung durch Benannte Stellen (insb. durch die unangekündigten Audits) und die Marktüberwachung. Das ist gut für die Sicherheit. *„Letztlich gewinnt im Markt immer der Bessere und wenn man sich von der Konkurrenz abheben will, werden teure Baumusterprüfungen durchgeführt, auch wenn es das Gesetz nicht verlangt"* (B3).

Generell ist zu sagen, dass die strikteren Anforderungen an Benannte Stellen dazu geführt haben, dass manche Benannte Stellen schließen mussten. Das ist eine gute Entwicklung. Auch ist anzumerken, dass die ZLG die Benannten Stellen gut überwacht. Der Sicherheitsbeauftragte des Herstellers unterstützt die Reduktion von Risiken durch seine fachliche Bewertung. Durch die möglicherweise infolgedessen initiierten Maßnahmen können Risiken minimiert werden (B3).

Limitationen bei Medizinprodukten

Laut B3 wäre eine zentrale Zulassung für Medizinprodukte *„nur eine gefühlte Verbesserung, aber keine tatsächliche"* (B3). Die zentrale Zulassung *„hat bei der Arzneimittelzulassung zu jahrelangen Staus geführt"* (B3). Es kann sein, dass bei manchen Benannten Stellen für innovative Produkte der Sachverstand fehlt, aber dem kann durch *„Erweiterung des Personals oder durch Subcontracting"* (B3) entgegengewirkt werden.

Auf die Studiendesigns der einzureichenden Studien angesprochen, gibt B3 zu bedenken: *„In vielen Fällen ist [...] eine Doppelblindstudie aus ethischen Gründen nicht durchführbar"* (B3). Eine *„klinische Prüfung von Medizinprodukten lässt sich also nicht mit einer klinischen Prüfung von Arzneimitteln (Wirkstoffen) gleichsetzen"* (B3).

B3 sieht folgende zwei Limitationen bei den verschiedenen an die spezifischen Produkte angepassten Verfahren zum Inverkehrbringen: *„Die Besonderheit von QM-Systemen besteht darin, dass man direkt zu Beginn definiert, was später einmal aus der Produktion herauskommen soll. Das heißt, wenn man schon bei der Zielvorgabe ‚Mist' definiert, kommt hinten auch ‚Mist' raus. [...] Daher überwacht der Hersteller, vertreten durch seinen QM-Beauftragten das QM-System permanent"* (B3). Außerdem wäre bei bestimmten Medizinprodukten eine Einzelproduktprüfung nicht bezahlbar.

Es muss auch beachtet werden, dass *„[w]enn in den Medien über Benannte Stellen kritisch geredet wurde, [...] es meistens um Benannte Stellen außerhalb Deutschlands"* (B3) ging.

Verbesserungsvorschläge bei Medizinprodukten

Laut B3 sollte man sich bei Medizinprodukten *„von der Forderung nach einem ‚medizinischen Nutzen' verabschieden und besser von der ‚Nützlichkeit' zum medizinischen Gebrauch reden"*.[42]

Evaluation der Kategorien

Wie oben beschrieben, wurden zur Strukturierung der Aussagen und zum Vergleich zwischen der Zulassung von Arzneimitteln und dem Inverkehrbringen von Medizinprodukten verschiedene Kategorien entwickelt. Diese sind in Tabelle 9

---

[42] B3: „Das Wort ‚Nutzen' impliziert immer einen sicheren Heilungserfolg. Es gibt aber auch Medizinprodukte, wie die Krücke, den Gehstock oder die Brille, die nicht der Therapie dienen, sondern dem Ausgleich oder der Linderung einer Behinderung. Wenn eine Behinderung ausgeglichen wird, ist es eher angebracht, vom medizinischen Nutzen zu reden, als wenn es um ein Produkt geht, das neben anderen Elementen der Therapie dient."

dargestellt. Alle Kategorien waren zur Strukturierung der Deskription der derzeitigen Verfahren, der Ergebnisse der Interviews und der aktuellen Literatur sehr hilfreich.

Was die Nützlichkeit zum Vergleich zwischen der Zulassung von Arzneimitteln und dem Inverkehrbringen von Medizinprodukten betrifft, müssen die einzelnen Kategorien differenzierter betrachtet werden: Die Kategorien ‚Inverkehrbringen generell', ‚Arten des Inverkehrbringens', ‚Unterlagen zum Inverkehrbringen', ‚An das Produkt angepasste Verfahren', ‚Sicherheitsanforderungen nach dem Inverkehrbringen' und ‚Sonstige Aspekte' haben sich für den Vergleich als geeignete Kategorien herausgestellt. Sie waren offen genug, um sowohl für Arzneimittel als auch für Medizinprodukte angewendet werden zu können, und spezifisch genug, um eine klare Abgrenzung zwischen den Kategorien zu ermöglichen. Nur die Kategorien ‚Arten des Inverkehrbringens' und ‚An das Produkt angepasste Verfahren' sind nicht zum Vergleich von Arzneimitteln und Medizinprodukten geeignet, da sie auf Besonderheiten eingehen, die zu produktspezifisch sind.

4 Diskussion

Wesentliche Ergebnisse der ausgewerteten Interviews sind, dass es eine stärkere europaweite Harmonisierung, eine klare Verteilung der Kompetenzen und transparentere Strukturen geben sollte. Dies gilt insbesondere bei der Meldung von Vorkommnissen und der Marktüberwachung von Medizinprodukten. Außerdem werden eine transparentere Aufarbeitung vorhandener Daten und für Produkte mit hohem Risiko größere Studienpopulationen gefordert.

Basierend auf der Beschreibung der derzeitigen Verfahren konnte eine übergreifende Kategorisierung entworfen werden, die sowohl für Arzneimittel als auch für Medizinprodukte anwendbar ist und zur weiteren Gliederung genutzt wird. Folgende Dimensionen werden dabei unterschieden: Allgemeine Themen, die in Verbindung zu der Zulassung von Arzneimitteln beziehungsweise dem Inverkehrbringen von Medizinprodukten stehen, die verschiedenen Arten der Zulassung beziehungsweise des Inverkehrbringens, Themen, die mit den zum Inverkehrbringen notwendigen Unterlagen zu tun haben, Regulierungen, die an ganz bestimmte Arzneimittel beziehungsweise Medizinprodukte angepasst wurden, sowie die Sicherheitsanforderungen nach der Zulassung beziehungsweise dem Inverkehrbringen.

4.1 Zusammenfassung der Ergebnisse

Zur Vorbereitung der Diskussion werden die wesentlichen Ergebnisse im Folgenden noch einmal zusammengefasst. Zuerst wird in der Deskription der derzeitigen Verfahren die momentane Gesetzeslage (Stand 31.05.2014) für das Inverkehrbringen von Arzneimitteln und Medizinprodukten kurz dargestellt, bevor eine Zusammenfassung der Experteninterviews präsentiert wird und im nächsten Abschnitt die bisherigen Ergebnisse kritisch in den aktuellen Forschungsstand eingeordnet werden.

4.1.1 Deskription der derzeitigen Verfahren

Arzneimittel

Arzneimittel müssen zugelassen werden, bevor sie in Deutschland in den Verkehr gebracht werden dürfen. Bei dieser Zulassungspflicht handelt es sich um ein sogenanntes ‚Verbot mit Erlaubnisvorbehalt'. Die für die Zulassung des jeweiligen Arzneimittels zuständige Bundesbehörde darf die Zulassung jedoch nur verweigern, wenn bestimmte Kriterien erfüllt sind.

Bei Arzneimitteln wird zwischen vier verschiedenen Zulassungverfahren unterschieden. Diese sind die Nationale Zulassung, das Zentralisierte Zulassungsverfahren, das Verfahren der gegenseitigen Anerkennung und das Dezentralisierte Verfahren. Diese verschiedenen Arten der Zulassung sind in Kapitel 3.1.1. im Unterpunkt „Voraussetzungen für das Inverkehrbringen" (S. 23) detailliert beschrieben.

Je nach Zulassungsform müssen unterschiedliche Unterlagen zum Inverkehrbringen eingereicht werden. Am umfangreichsten sind die Unterlagen zum Inverkehrbringen bei einem sogenannten Vollantrag, weswegen diese im Folgenden kurz umrissen werden. Bei einem Vollantrag müssen Ergebnisse physikalischer, chemischer, biologischer oder mikrobiologischer Versuche und eine analytischen Prüfung eingereicht werden. Außerdem müssen die Ergebnisse der pharmakologischen und toxikologischen Versuche, die Ergebnisse der klinischen Prüfungen oder sonstigen ärztlichen, zahnärztlichen Erprobungen mit eingereicht werden (§ 22 Abs. 2 AMG). Des Weiteren muss zur Zulassung das Pharmakovigilanz-System des Antragstellers beschrieben und ein Risikomanagementplan eingereicht werden sowie eine Beschreibung des geplanten Risikomanagementsystems (§ 22 Abs. 2 AMG).

Neben der regulären Zulassung gibt es noch weitere Arten der Zulassung. Diese sind meist Varianten des Vollantrags. Es kann neben dem Vollantrag zwischen folgenden besonderen Zulassungsformen unterschieden werden: Die generische Zulassung, der Hybrid-Antrag, die Bibliografische Zulassung, die Zulassung von Biosimilars, die Standardzulassung und die Zulassung für Orphan Drugs. In Kapitel 3.1.1. im Unterpunkt „Voraussetzungen für das Inverkehrbringen" (S. 23) werden diese im Unterpunkt „Besondere Zulassungsarten" detailliert beschrieben.

Nach der Zulassung werden ein Pharmakovigilanz- und ein Risikomanagementsystem gefordert. Neben der Einrichtung und dem Betrieb des Pharmakovigilanz-Systems, muss der Inhaber der Zulassung sicherstellen, dass sämtliche Informationen wissenschaftlich ausgewertet werden, Möglichkeiten, Risiken zu minimierten oder zu vermeiden, geprüft werden und erforderlichenfalls unverzüglich ergriffen werden. Regelmäßige Audits sollen neben der Prüfung einer umfassenden Dokumentation, der Pharmakovigilanz-Stammdokumentation, auch sicherstellen, dass etwaige Mängel bei der Herstellung der Wirkstoffe beseitigt werden.

Des Weiteren muss der Inhaber der Zulassung die Ergebnisse der Maßnahmen zur Risikominimierung überwachen, das Risikomanagementsystem aktualisieren und die Pharmakovigilanz-Daten mit dem Ziel überwachen, neue Risiken zu identifizieren und Veränderungen bei bekannten Risiken oder dem Nutzen-Risiko-Verhältnis festzustellen.

Medizinprodukte

Der Zweck des Medizinproduktegesetzes ist der freie Warenverkehr innerhalb der Europäischen Union. Dabei soll zum einen für die „Sicherheit, Eignung und Leistung der Medizinprodukte" (§ 1 MPG) sowie zum anderen für „die Gesundheit und den erforderlichen Schutz der Patienten, Anwender und Dritter" (§ 1 MPG) gesorgt werden.

Es gelten unterschiedliche Regelungen für verschiedene Arten von Medizinprodukten. Es wird unterschieden zwischen In-vitro-Diagnostika, aktiven implantierbaren und sonstigen Medizinprodukten. Die verschiedenen Arten von Medizinprodukten sind in Kapitel 3.1.2. im Unterpunkt „Definition Medizinprodukte" (S. 37) detailliert beschrieben.

Alle Medizinprodukte müssen Anforderungen nach Auslegung, also der Gestaltung von Bauteilen und Herstellung bzw. Konstruktion, sowie gruppenspezifischen Anforderungen nachkommen. Im Rahmen der Grundlegenden Anforderungen wird auch eine klinische Bewertung verlangt.

Die klinische Bewertung kann z. B. bei den sonstigen Medizinprodukten prinzipiell auf drei unterschiedliche Arten geschehen. Zum einen kann sie auf Basis einschlägiger wissenschaftlicher Literatur, wobei die Gleichartigkeit des Produkts nachgewiesen werden muss, erfolgen zum anderen auf Basis aller durchgeführter klinischer Studien oder durch eine Kombination der beiden Ansätze (Anhang X der RiLi 93/42/EWG).

„Bei implantierbaren Produkten und bei Produkten der Klasse III sind klinische Prüfungen durchzuführen, es sei denn die Verwendung bereits bestehender klinischer Daten ist ausreichend gerechtfertigt" (Anhang X Satz 1.1a der RiLi 93/42/EWG).

Um die Übersichtlichkeit sicherzustellen, wird in diesem Teil nur auf die sonstigen Medizinprodukte eingegangen: Innerhalb der sonstigen Medizinprodukte gibt es verschiedene Klassen, die den Umfang des Konformitätsbewertungsverfahrens festlegen: „Die Klassifizierungsregeln basieren auf der Verletzbarkeit des menschlichen Körpers und berücksichtigen die potentiellen Risiken im Zusammenhang mit der technischen Auslegung der Produkte und mit ihrer Herstellung" (Erw. der RiLi 93/42/EWG).

Zur Differenzierung gibt es verschiedene Klassen, die nach Risiko geordnet sind. Medizinprodukte sind in die Klassen I, IIa, IIb und III einzustufen. Generell gilt: Je höher die Verletzbarkeit und das potenzielle Risiko, desto höher die Klasse.

Während für das Konformitätsbewertungsverfahren für Produkte der Klasse I generell alleine der Hersteller verantwortlich ist, muss ab Klasse IIa eine sogenannte Benannte Stelle mit beteiligt werden (Erw. der RiLi 93/42/EWG).

Der Hersteller kann zwischen verschiedenen Konformitätsbewertungsverfahren wählen, wobei bisweilen das Produkt selber nicht geprüft werden muss.

Nach deutschem Recht sind die Prüfungen und Meldepflichten nach dem Inverkehrbringen größtenteils in der Medizinprodukte-Sicherheitsplanverordnung (MPSV) geregelt, deren Zweck ein wirksamer Schutz von Patienten, Anwendern und Dritten vor Risiken ist.

Zentrale Sammelstelle der zu meldenden Vorkommnisse ist das BfArM oder das PEI. Neben der Sammlung der Daten, führen sie eine Risikobewertung derselben durch oder lassen diese durchführen (§ 8 MPSV). Die Ergebnisse müssen dann an die zuständigen Behörden der Länder, an die oberste Bundesbehörde und an das DIMDI weitergeleitet werden. Konkrete Maßnahmen dürfen sie jedoch nicht ergreifen. Dies liegt im Zuständigkeitsbereich der jeweiligen Behörden der Länder (§ 8 MPSV; Deutsch, Lippert, Ratzel & Tag, 2010, S. 326 ff.). Der Hersteller oder ihr Bevollmächtigter nach § 5 MPG müssen eigenverantwortlich korrektive Maßnahmen treffen und durchführen. Dies reicht bis hin zu einem schnellen und zuverlässigen Rückruf (§ 13 MPSV).

4.1.2   Experteninterviews und Schwachstellenanalyse

Wie in Tabelle 6 deutlich zu sehen, ist Interessengruppenübergreifend die Kritik an dem ‚Inverkehrbringen von Medizinprodukten generell‘, an den ‚Sicherheitsmaßnahmen nach dem Inverkehrbringen‘ und den ‚Medizinprodukteunterlagen‘ am dominantesten vertreten. Somit ist davon auszugehen, dass sie in dem öffentlichen Diskurs eine große Rolle spielen. Folgende Themen wurden von den jeweiligen Interessengruppen als weitere wichtige Punkte identifiziert:

Perspektiven der Anwender

Die Anwender sprechen sich klar gegen das System der Benannten Stellen aus, und wünschen sich ein staatliches (europäisches) Zulassungssystem. Gleichzeitig sehen sie aber auch, dass ein solches momentan politisch kaum durchsetzbar ist.

Sowohl bei Arzneimitteln als auch bei den Medizinprodukten wird mehr Forschung gefordert. Insbesondere bei Medizinprodukten sollten Studienpopulationen vergrößert werden. Auf Basis der momentan vorliegenden Ergebnisse kann vielfach allein aus statistischen Erwägungen die Sicherheit der Patienten nicht gewährleistet werden.

Vorkommnisse bei Medizinprodukten werden scheinbar systematisch nicht ausreichend gemeldet. Daher erscheinen Medizinprodukte sicherer, als sie wahrscheinlich sind.

Es muss sichergestellt werden, dass Vorkommnisse in Zukunft unbedingt gemeldet werden:

- Medizinprodukte, die auf dem Markt sind, müssen besser beobachtet werden. Ein gutes Beispiel sind hier die Prothesenregister.

- Die Kontrolle über Medizinprodukte sollte an das BfArM übertragen werden, da den Länderbehörden das notwendige Know-How oft fehlt.

Perspektiven der Finanziers

Die Zulassung von Arzneimitteln ist aus Sicht der Kostenträger auf Basis der derzeit gegebenen Regularien sicher, und hemmt keine Innovationen. Eine größere Transparenz bei der Veröffentlichung der Arzneimittelstudien wäre wünschenswert. Die Abschaffung der Rabattverträge könnte Lieferengpässen entgegenwirken.

Nach Ansicht der Finanziers ist die Zulassung von Medizinprodukten in den USA besser geregelt als dies in Deutschland der Fall ist, vor allem in Hinblick auf Sicherheit, den Nachweis der Wirksamkeit, gemeldete Vorkommnisse, gute Patienteninformationen und eine zentrale Zulassung für Medizinprodukte. Die Diskussion über das Freihandelsabkommen TTIP wird genutzt, um auf die Vorzüge des amerikanischen Systems hinzuweisen.

Länder, bei denen ein bestimmtes Arzneimittel gar nicht mehr auf dem Markt ist, können durch ihr Abstimmungsverhalten auf europäischer Ebene auch für Länder, bei denen es auf dem Markt ist, eine Zulassungsrücknahme erwirken. Das ist kritisch zu sehen.

Für Medizinprodukte wird fundamentale Kritik insbesondere an dem Prozess zum Inverkehrbringen für Medizinprodukte mit hohem Risikopotential geäußert:

- Für Hochrisikoprodukte sollte es eine europäische behördliche Zulassung geben, da das System von privatwirtschaftlich agierenden Benannten Stellen erhebliche Mängel aufweist.

- Die klinische Bewertung ist nicht ausreichend. Daher sollte es für Hochrisikoprodukte ein ‚Premarket Approval' mit klinischen Studien geben, um den Patientennutzen sicherzustellen.

■ Die Kriterien zur Risikoklassifizierung sollten überarbeitet werden.

■ Die Transparenz der nach dem Inverkehrbringen erhobenen Daten und die Marktüberwachung sind schlecht geregelt. Viele Behörden haben nicht das Personal und die Sachkompetenz, um die Überwachung durchzuführen. *„Landesbehörden müssten konsequent und sachgerecht Maßnahmen anordnen und den Vollzug überwachen"* (G2).

■ Das Vigilanzsystem ist für Hochrisikoprodukte eine *„ausgemachte Katastrophe, so wie das momentan ist"* (G2). Und die Marktüberwachung ist *„absolut intransparent"* (G2).

Perspektiven der Überwacher

Die Zulassung bei Arzneimitteln funktioniert sehr gut. Die Verbesserungen, die vom Gesetzgeber angestoßen wurden, erscheinen sinnvoll, müssen aber wahrscheinlich in einiger Zeit nachjustiert werden. Innovationen werden durch die Zulassung nur verhindert, wenn sie unsicher sind. Ansonsten hemmt die Zulassung keine Innovationen.

Eine stärkere Zentralisierung der Arzneimittelzulassung[1] sowie eine klare Herausarbeitung des ‚Added Benefits' sowie Head-to-Head Vergleiche schon bei der Zulassung wären wünschenswert.

Das Inverkehrbringen von Medizinprodukten ist einfacher als die Zulassung von Arzneimitteln. Dies wird bei Produkten ausgenutzt, die nicht eindeutig unter die Definition eines Arzneimittels fallen.

Die Überwacher scheinen von dem System der Benannten Stellen nicht komplett überzeugt zu sein, wollen aber daran festhalten und beteuern, dass es mit einigen Anpassungen durchaus funktionieren könnte. Von Überwachern, die weniger intensiv mit Medizinprodukten arbeiten, wird zwar eine zentrale Zulassung auch für Medizinprodukte gewünscht, medizinproduktenahe Überwacher lehnen diese jedoch ab, da sie unrealistisch und nicht sinnvoll sei. Wichtige Veränderungen wären:

■ Eine Harmonisierung der Marktüberwachung auf europäischer Ebene z. B. durch Schaffung einer gemeinsamen Datenbank, auch zur besseren Überwachung der Langzeitperformance von Medizinprodukten.

---

[1] „44 unabhängige nationale Behörden in Europa ist ein Anachronismus. […] Es macht keinen Sinn, das ist eine Verschwendung von Ressourcen, wenn [die Zulassung von Arzneimitteln] Frankreich, Deutschland, und England parallel machen" (B2).

▓   Vereinheitlichung der Meldung von Vorfällen, deren Handhabung und auch, dass Mediziner die Vorfälle überhaupt melden.

Zwar wird der Umfang der klinischen Studien momentan von den Überwachern als ausreichend bewertet, ein größerer Umfang an Unterlagen wäre jedoch akzeptabel, wenn damit der Nachweis über die Sicherheit und Leistungsfähigkeit der Medizinprodukte sichergestellt oder verbessert werden kann.

Perspektiven der Hersteller

Prinzipiell ist die Zulassung von Arzneimitteln, so wie sie momentan ist, aus Sicht der Hersteller sehr gut geregelt. In einigen Fällen kann man sich jedoch noch eine Beschleunigung vorstellen.

Das Bewusstsein für die Notwendigkeit Nebenwirkungen zu melden, sollte sowohl bei Ärzten als auch bei Patienten noch gestärkt werden.

Um die Versorgung mit hochwertigen Produkten kostendeckend sicherstellen zu können, sollte bei wichtigen Arzneimitteln wie Antibiotika und Impfstoffen kein Gebrauch mehr von Rabattverträgen gemacht werden. Außerdem sollte bei den Rabattverträgen darauf geachtet werden, dass für bestimmte Klassen von Arzneimitteln immer drei bis fünf Hersteller am Markt erhalten bleiben und die Preise nach unten hin begrenzt sind.

Das momentane Vorgehen bei Medizinprodukten wird für sinnvoll erachtet, auch in Hinblick auf Patientennutzen und -sicherheit. Größere Studienpopulationen werden für nicht notwendig gehalten. Eine weitere Anmerkung der Hersteller ist, dass Benannte Stellen, die Probleme bereiten, vor allem im Ausland sitzen.

In der Zusammenschau der Perspektiven von Anwendern, Finanziers, Überwachern und Herstellern besteht eine generelle Übereinkunft darüber, dass die Zulassung für Arzneimittel sicher ist und abgesehen von einem vorsichtigen Einwand eines Anwenders auch nicht als innovationshemmend angesehen werden kann. Teilweise wird die Zulassung sogar als ‚alternativlos‘ beschrieben.

Es wird von den verschiedenen Interessengruppen kontrovers diskutiert, ob privatwirtschaftlich agierende Benannte Stellen für Medizinprodukte eine gute Lösung sind, um ihr Inverkehrbringen zu regulieren. Anwender, Finanziers und Teile der Überwacher sprechen sich für eine Zulassung von Medizinprodukten aus[2], sehen aber auch, dass es momentan politisch nicht durchsetzbar ist. Finan-

---

[2]   Hier werden nur einige wenige Unterschiede zwischen den beiden Verfahren kurz angeschnitten: Bei der Zulassung bestimmt generell eine Behörde, welche Produkte auf den Markt gebracht werden dürfen. Von vielen Interviewpartnern wird die große Unabhängigkeit von den Herstellern als positiv hervorgehoben. Außerdem ist die Behörde und damit indirekt auch der Staat für

ziers und Überwacher sehen daher eine Reduzierung der Anzahl der Benannten Stellen, die Hochrisikoprodukte zulassen dürfen, positiv. Relativ einig sind sich alle Interessengruppen mit Ausnahme der Hersteller darüber, dass zumindest für Hochrisikoprodukte die Anforderungen an klinische Studien derzeit nicht ausreichen und erhöht werden müssten, um die Sicherheit der Patienten zu gewährleisten.

Sowohl Anwender als auch Überwacher sprechen sich für mehr Head-to-Head Vergleiche bei der Zulassung von Arzneimitteln aus.

Generell besteht große Übereinstimmung darin, dass sowohl bei Arzneimitteln als auch bei Medizinprodukten mehr Wert auf eine gute Erhebung von Nebenwirkungen bzw. Vorkommnissen gelegt werden sollte.

Nebenwirkungen und Vorkommnisse müssen zuverlässiger gemeldet werden. Es ist von einer großen Dunkelziffer auszugehen, da das Problembewusstsein bei den beteiligten Akteuren nicht ausreichend ist. Insbesondere bei Medizinprodukten ist die Definition von Vorkommnissen für die Finanziers nicht befriedigend. Die ärztlichen Organisationen (Ärztekammern, Kassenärztliche Vereinigungen) sollten hier Mitglieder noch stärker in die Pflicht nehmen und Sanktionen sollten ermöglicht werden.

Finanziers und Überwacher kritisieren die mangelnde und intransparente Marktüberwachung von Medizinprodukten. Hersteller sehen diese als funktionierende zusätzliche Sicherheitsvorrichtung an.

4.2   Kritische Einordnung in den aktuellen Forschungsstand

Wie in Kapitel 2.4 beschrieben, wurde im Oktober 2014 ein systematischer Literatur Review durchgeführt. Die PubMed Anfrage ergab 14 Treffer, kein Artikel erfüllte das Einschlusskriterium. Über PsycINFO und The Cochrane Library konnte kein Treffer gefunden werden. In der EMBASE-Datenbank wurden 15 Treffer identifiziert, von denen zwei Artikel grundsätzlich die Einschlusskriterien erfüllten. Beide wurden nicht weiter analysiert, da es sich um einen Abstract einer Konferenz handelte und der zweite Artikel nur spezifisch über companion diagnostics berichtete. Somit konnten keine komplett vergleichbaren Studien

---

die Qualität der Prüfungen zuständig. Die Zulassung wird als langsamer beschrieben und es sind mehr Unterlagen als beim Inverkehrbringen von Medizinprodukten gefordert. Bei Medizinprodukten hingegen prüft eine privatrechtlich agierende Benannte Stelle die Konformität der Produkte mit den Grundlegenden Anforderungen. Sie sind abhängiger von den Herstellern. In diesem System liegt die Verantwortung größtenteils bei den Herstellern (und zur Überprüfung der Konformität bei den Benannten Stellen). Die momentan gültige Prozedur bei Medizinprodukten wird als schneller beschrieben und es sind weniger Unterlagen notwendig.

identifiziert werden, die einen Vergleich der Zulassung von Arzneimitteln mit dem Prozess des Inverkehrbringens von Medizinprodukten zum Gegenstand haben. Im Folgenden werden daher im Sinne der Forschungsfragestellungen aussagekräftige Studien diskutiert, die sich spezifisch entweder auf die Zulassung von Arzneimitteln oder auf den Prozess des Inverkehrbringens von Medizinprodukten beziehen.

Arzneimittel

Von Hoebert und Mitarbeiter (2012) wird kritisch angemerkt, dass Arzneimittel nicht gleichzeitig allen EU Bürgern zugutekommen, sondern zuerst denen aus Ländern mit größerem Bruttoinlandprodukt. Dies kann sowohl an Mechanismen zur Preisgestaltung liegen als auch an den Pharmazeutischen Unternehmen. Die Beteiligung von weniger erfahreneren Institutionen, z. B. von neuen Mitgliedsstaaten, am peer review Prozess, wird positiv bewertet, da hierdurch ein gegenseitiges Lernen ermöglicht wird (Hoebert, Irs, Mantel-Teeuwisse & Leufkens, 2012). Eine weitere Zentralisierung, wie in der vorliegenden Arbeit auch von B2 gefordert, würde diesem Prozess entgegenwirken.

Die von J1 befürwortete Praxis des Off-Label-Uses zur Verwendung von Arzneimitteln außerhalb ihres zugelassenen Anwendungsgebietes wird von Janzen und Ludwig (2012) als „Problem mit rechtlicher Unsicherheit für Ärzte und Patienten, nicht eindeutig abschätzbaren Risiken und erheblichen sozioökonomischen Auswirkungen" (Janzen & Ludwig, 2012, S. 108) gesehen, das jedoch in absehbarer Zeit nicht nachhaltig gelöst werden kann. Daher sollte der Off-Label-Use weiter fortgeführt werden können und „Instrumente zum systematischen Gewinn medizinischer Erkenntnisse [...] besser genutzt werden" (Janzen & Ludwig, 2012, S. 117), um bedürftigen Patienten z. B. mit Indikationen, für die keine zugelassenen Arzneimittel verfügbar sind, auch weiterhin ihre Arzneimittel zur Verfügung stellen zu können und gleichzeitig die Sicherheit zu erhöhen.

Enzmann und Broich (2013) beschreiben Besonderheiten der Zulassung onkologischer Arzneimittel. Wie auch P1 beschreiben sie, dass es immer mehr Krebserkrankungen gibt, was aufgrund der geringen Prävalenz pro Erkrankung oft dazu führt, dass onkologische Arzneimittel als Arzneimittel gegen seltene Leiden (Orphan Drugs) anerkannt werden.

Putzeist und Mitarbeiter (2012) fanden heraus, dass Zulassungen für Orphan Drugs meist dann erfolgreich waren, wenn es für den primären Endpunkt überzeugende Evidenz für einen positiven Effekt gab, klinisch relevante Endpunkte ausgewählt wurden, randomisierte, kontrollierte Studien (RCTs) zentraler Bestandteil der vorgelegten Ergebnisse waren und stichhaltige Studien zur Dosierungsfindung mitgeliefert wurden. Somit ist eine gute Datenbasis entscheidender Bestandteil einer erfolgreichen Zulassung unter dem Orphan Drug Status.

Vor allem im Rahmen von einer bedingten Zulassung und einer Zulassung unter außergewöhnlichen Umständen laufen die Verfahren der Zulassung und die Preisfindung nicht völlig unabhängig voneinander ab. Daher sprechen sich Enzmann und Broich (2013) für eine einheitliche Gesamtstrategie für onkologische Arzneimittel aus. Die Forderung deckt sich mit der Forderung von Interviewpartner B2, der sich auch für eine einheitliche Strategie für die Zulassung und die Preisgestaltung ausspricht. Während B2 lobt, wie gut die Zulassung in Europa funktioniert, kritisieren Hartmann, Mayer-Nicolai und Pfaff (2013), dass Krebs-Arzneimittel in Europa im Vergleich zu den USA eine geringere Chance haben, die Zulassung zu erhalten.

Vor allem für Biosimilars sprechen sich Ebbers und Mitarbeiter (2012) für eine stärkere Einbeziehung von Ärzten in den Entscheidungsprozess über die Zulassung innovativer Produkte aus, damit der Zugang zu diesen Arzneimitteln auch weiterhin für bedürftige Patienten bestmöglich sichergestellt wird.

Wie auch der Intervieppartner B2 bewerten Borg und Mitarbeiter (2011) Veränderungen an der EU Direktive 2001/83/EC zur Verbesserung der Sicherheitsanforderungen nach dem Inverkehrbringen positiv. Sie zeichnet sich durch klare Rollenverteilungen, verbesserte EU Entscheidungsfindung, verbesserte Transparenz der Safety Daten, Verbesserung der Möglichkeiten der Hersteller ihre Pharmakovigilanz-Systeme kontinuierlich zu optimieren sowie die Sammlung qualitativ hochwertiger Daten über die Post-Authorisation Safety Studies (PASS) und die Veröffentlichung vermuteter Nebenwirkungen aus. Außerdem können sich Interessengruppen stärker in den Entscheidungsprozess einbringen. Kritischer zu den momentanen Sicherheitsanforderungen nach dem Inverkehrbringen äußern sich Edwards und Chakraborty (2012), die anmerken, dass die Art und Weise wie Arzneimittelrisiken kommuniziert werden, nicht evidenzbasiert ist und manche Unternehmen keine einheitliche Strategie verfolgen, wenn Risiken kommuniziert werden müssen. Dies gilt es ihrer Meinung nach zu ändern. Sie schlagen vor, dass alle pharmazeutischen Unternehmen eine spezielle Gruppe von Experten bilden sollten, die für die Kommunikation der Risiken zuständig sind und in engem Kontakt zu weiteren Interessengruppen stehen.

Medizinprodukte

Kramer, Xu und Kesselheim (2012a) beschreiben das europäische System zum Inverkehrbringen von Medizinprodukten als schneller und besser für die Handelsbilanz als das amerikanische. Außerdem werden durch das System gut bezahlte Arbeitsplätze geschaffen. Sie sehen es jedoch als fraglich an, ob der schnelle Zugang die Behandlungsoptionen für spezielle Krankheiten verbessert: „One essential question that remains unanswered is whether speedier access to some newer technologies in the European Union has improved public health"

(Kramer, Xu & Kesselheim, 2012a, S. 852). Teilweise wird von einem „deutlich niedrigeren Anforderungen für den Marktzugang" (Zens, Fujita-Rohwerder & Windeler, 2015, S. 240) für Medizinprodukte verglichen mit der Arzneimittelzulassung gesprochen. Aufgrund der momentan geltenden Regeln „werden in Deutschland Leistungen erbracht, deren Nutzen unklar ist und von denen neben dem Risiko eines erst verzögerten Einsatzes einer wirksamen Therapie möglicherweise sogar direkte Risiken für die Patienten ausgehen" (Zens, Fujita-Rohwerder & Windeler, 2015, S. 243).

Wie auch B2 sprechen sich Sorenson und Drummond (2014), Neugebauer (2013) und Lang (2014) für eine stärkere Zentralisierung und Koordinierung des Prozesses zum Inverkehrbringen für Medium- und Hochrisikoprodukte auf europäischer Ebene aus. Ein Schritt in die richtige Richtung sei es, nur wenigen hochspezialisierten Benannten Stellen die Konformitätsbewertung für Hochrisikoprodukte zu erlauben. Dies geht jedoch einigen Autoren noch nicht weit genug. Auf deutscher Ebene fordert Lang (2014) eine bessere Zusammenarbeit zwischen BfArM, der ZLG und den zuständigen Länderbehörden und Neugebauer (2013) sowie Zens, Fujita-Rohwerder und Windeler (2015) sprechen sich auf der europäischen Ebene z. B. wie B2, G1 und G2 für eine „zentralisierte Marktzulassung von Medizinprodukten" (Neugebauer, 2013, S. 347) aus.

Während für die Zulassung von Arzneimitteln Randomisierte, Placebo kontrollierte, kontrollierte Studien (RCTs) gefordert sind, die laut Parvizi und Woods (2014) in der Richtlinie 2001/20/EG über die Anwendung der guten klinischen Praxis bei der Durchführung von klinischen Prüfungen mit Humanarzneimitteln genau beschrieben sind, werden bei Medizinprodukten klinische Studien zwingend nur bei Hochrisikoprodukten gefordert und werden selten durch RCTs gewonnen. Studien bei Medizinprodukten muss nur eine Ethikkommission zustimmen. Ein Regelwerk wie die Richtlinie 2001/20/EG über die Anwendung der guten klinischen Praxis bei der Durchführung von klinischen Prüfungen mit Humanarzneimitteln, die einen „Katalog international anerkannter ethischer und wissenschaftlicher Qualitätsanforderungen, die bei der Planung, Durchführung und Aufzeichnung klinischer Prüfungen an Menschen sowie der Berichterstattung über diese Prüfungen eingehalten werden müssen" (Art. 1 der RiLi 2001/20/EC) bereitstellt, gibt es bei Medizinprodukten nicht (Parvizi & Woods, 2014). Die Autoren merken auch an, dass es bei Studien zu Medizinprodukten spezielle Probleme gibt, die es bei Arzneimitteln nicht existieren. Bei Medizinprodukten sind z. B. das Verblinden der Studien und der Einsatz von Placebos schwierig. Außerdem ist ein objektiver Vergleich immer dann erschwert, wenn Geschick und Erfahrung der behandelnden Ärzte oder Patienten den Erfolg einer Behandlung beeinflussen (Wente, 2012; Parvizi & Woods, 2014). Diese Bedenken werden jedoch von Zens, Fujita-Rohwerder und Windeler (2015) explizit nicht geteilt. Des Weiteren sei es nahezu unmöglich, Produktionsfehler sowie Abnutzungserscheinungen in einem überschaubaren Studienaufwand zu erkennen und für jede Produktverbesserung wieder neue Studien zu generieren. Daher unterstreichen Parvizi und Woods (2014) die Wichtigkeit eines guten Vigilanzsystems für Medizinprodukte, um die Sicherheit von Medizinprodukten gewährleisten zu können.

Was die Qualität der geforderten Studien angeht, sehen entgegen der Auffassung von B3 aber in Einklang mit J1, E1 und G2 mehrere Autoren erheblichen Handlungsbedarf (Sorenson & Drummond, 2014; Neugebauer, 2013; Kramer, Xu & Kesselheim, 2012). „In Europe, there is no agreed-on requirement that the approval of medium- and high-risk devices be based on high-quality evidence of benefits that are relevant to patients" (Sorenson & Drummond, 2014, S. 135). Kramer, Xu und Kesselheim (2012) haben case reports identifiziert, die nahelegen, dass durch die schlechte Datenlage der beim Inverkehrbringen geforderten Unterlagen eine große Gefahr für die Patienten besteht. Dies wird untermauert durch die Ergebnisse von Sorenson und Drummond (2014, S. 127): „In Europe, the majority of Class III devices need only to demonstrate their safety and performance, not that they directly benefit patients, and there are no requirements to verify the adequacy of submitted clinical data. In most cases, the submission of robust clinical data is limited, and often the evidence submitted is from laboratory testing, literature reviews, or small clinical trials." Außerdem kritisieren Sorenson und Drummond (2014), dass unterschiedliche Benannte Stellen unterschiedliche Anforderungen an die Qualität der Studien haben und sprechen sich für Studien aus, die Nutzen und Risiken der Medizinprodukte belegen. Der nicht zwingend geforderte Nachweis von klinischer Sicherheit und Wirksamkeit wird auch von Zens, Fujita-Rohwerder und Windeler (2015) sowie von G2 bemängelt. Außerdem sehen sie ein Problem darin, dass Benannte Stellen unter Umständen nicht neutral bewerten und eine sorgfältige Prüfung „zugunsten wirtschaftlicher Interessen mangeln kann" (Zens, Fujita-Rohwerder & Windeler, 2015, S. 240). Diese Problematik wird auch von E1, J1 und G2 benannt.

Für mehr Transparenz, insbesondere in Bezug auf die Daten, auf deren Basis die Konformität mit den Grundlegenden Anforderungen bescheinigt wird, sprechen sich Kramer, Xu und Kesselheim (2012), Sorenson und Drummond (2014), Zens, Fujita-Rohwerder und Windeler (2015) und Neugebauer (2013) sowie auch G1 und G2 aus. Diese Daten sollten einer breiteren Gruppe von Interessenvertretern zugänglich gemacht werden.

Sorenson und Drummond (2014) kritisieren die Regulierungen der Sicherheitsanforderungen nach dem Inverkehrbringen für Medizinprodukte. Beispielsweise ist die Nützlichkeit der Eudamed Datenbank erheblich eingeschränkt. Dies liegt unter anderem daran, dass die zuständigen nationalen Behörden nicht verpflichtet sind, Vorkommnisse an Eudamed weiterzumelden.

Wie auch von G1 und T1 gefordert, sprechen sich mehrere Forscher für eine verbesserte Nachverfolgung von Medizinprodukten aus. Dies könnte z. B. durch die Erweiterung von Eudamed, durch eine Unique-Device-Identification und eine erhöhte Transparenz der nach dem Inverkehrbringen gewonnenen Sicherheitsdaten geschehen. Kramer und Kollegen (2014) beschreiben, dass in der EU, wie auch in den USA, Japan und China, Vorkommnisse häufig passiv gesammelt werden. Die Systeme entwickeln sich aber langsam hin zu proaktiveren Systemen (wie Unique-Device-Identification (UDI) Systemen). Die Entwicklung hin zu proaktiven Systemen sehen eine Reihe von Autoren als wichtige und richtige Schritte an. Auch der Ausbau von internationalen Registern und eine erhöhte Transparenz der nach dem Inverkehrbringen gewonnenen Sicherheitsdaten findet breite zustimmung (Parvizi & Woods, 2014; Kramer, Xu & Kesselheim, 2012; Kramer, Tan, Sato & Kesselheim, 2014; Sorenson & Drummond, 2014; Blake, 2013). Eine Sammlung der UDI daten auf europäischer Ebene, angegliedert an Eudamed, erscheint sinnvoll (Sorenson & Drummond, 2014).

Sorenson und Drummond (2014) sind wie T1 der Meinung, dass die Gesetze zur Verbesserung der Prozesse zum Inverkehrbringen von Medizinprodukten schnell umgesetzt werden sollten.

Alle in der Petition europäischer Experten zum Medizinprodukterecht angesprochenen Verbesserungsvorschläge (Neugebauer, 2013) wurden auch in dieser Arbeit identifiziert.

4.3 Stärken und Limitationen der Studie

In folgenden Abschnitt werden die Stärken und Limitationen der Studie diskutiert. Zuerst wird auf das methodische Vorgehen eingegangen, gefolgt von der Deskription der derzeitigen Verfahren sowie den Experteninterviews und der Schwachstellenanalyse.

Methodisches Vorgehen

In diesem Abschnitt wird das methodische Vorgehen kritisch diskutiert: Angefangen mit einer generellen Diskussion zur qualitativen Forschung und der Eignung derselben für dieses Forschungsthema, wird anschließend auf die Objektivität der Ergebnisse, die Reliabilität und Validität, weitere Gütekriterien, inklusive der Validierung der Deskription der derzeitigen Verfahren und ethische Grundfragen eingegangen.

Es ist international bekannt, dass qualitative Methoden innerhalb der medizinischen Forschung teilweise kritisch gesehen werden, da sie nicht die Art von Ergebnissen liefern, die häufig in diesem Forschungsgebiet erwartet werden. Besonders treffend beschreiben dies Omachonu und Einspruch (2010, S. 11): „Clinicians are, by virtue of their training, familiar with experimental research methods driven by the fields of basic and life sciences. When certain healthcare innovations seek to create a new structure or organizational practice, they force the clinician to venture outside the familiar into the cognitive sciences. Sometimes, the cognitive sciences fail to produce the types of quantitative answers to research questions that clinicians want and expect. This creates credibility problems in the eyes of many medical practitioners." Gleichzeitig sind qualitative Forschungsmethoden zwingend notwendig, wenn Spezialwissen über bislang unbekannte Sachverhalte generiert werden soll (Gläser & Laudel, 2010; Pope & Mays, 1995), wie es in dieser Arbeit der Fall ist. Daher wird auch in renommierten, einschlägigen Fachzeitschriften immer wieder auf die Wichtigkeit der qualitativen Forschung innerhalb der Medizin hingewiesen (Kuper, Reeves & Levinson, 2008).

Als methodische Grundlage wurden in dieser Forschungsarbeit eine expertengestützte Inhaltsanalyse und die qualitative Inhaltsanalyse nach Mayring (2010) verwendet. Es wurden nur Texte behandelt, die bis Mai 2014 veröffentlicht wurden, beziehungsweise Gesetztestexte, die bis zu diesem Datum in Kraft getreten sind. Die Interviews wurden im Zeitraum zwischen Juni und Juli 2014 aufgenommen und anschließend analysiert. Sie stellen somit eine Momentaufnahme dar. Veränderungen, die danach erfolgten, fließen aus Gründen der inhaltlichen Konsistenz nicht mit in die Analyse ein.

Bei den in Kapitel 1.2 genannten Forschungsfragen geht es darum, ein tieferes Verständnis über die Zulassung von Arzneimitteln bzw. das Inverkehrbringen von Medizinprodukten zu erlangen. Ein bestimmter Abschnitt der Gesundheitspolitik, nämlich der Zulassungsprozess beziehungsweise der Prozess des Inverkehrbringens, wie sie in den oben genannten Dokumenten beschrieben sind, soll um praktische Erkenntnisse erweitert werden und Vorschläge zur Verbesserung sollen entwickelt werden. Verschiedene Interessenvertreter sind an diesem Prozess beteiligt und interagieren in dem für diese Fragestellung relevanten Umfeld.

Kernaufgabe der vorliegenden Forschungsarbeit ist es, Fachwissen und neue Erkenntnisse über die Besonderheiten des Zulassungsprozesses und des Inverkehrbringens von Arzneimitteln und Medizinprodukten zu gewinnen und dadurch ein möglichst umfassendes Bild über relevante, zu bewertende Themen zu erhalten. In einem ersten Schritt wurden daher expertengeleitet verschiedene Dokumente und Rechtsquellen vor dem Hintergrund der Forschungsfragen analysiert. Hierfür ist die qualitative Inhaltsanalyse ein geeignetes Instrument

(Gläser & Laudel, 2010, S. 46) und hat sich auch in der vorliegenden Arbeit als Methode bewährt. Auch wenn die Rahmenvorgaben durch Gesetzestexte und Normen vorgegeben und niedergeschrieben sind, liegt die Ausgestaltung in der Hand der beteiligten Akteure. Daher besitzen diese Experten Spezialwissen aus der Praxis, das weder in Gesetzten noch in Normen niedergeschrieben ist, aber zur genauen Beschreibung und Bewertung unabdingbar ist. Um dieses Wissen für die Analyse nutzbar zu machen, wurden Experteninterviews als weitere qualitative Methode gewählt. Dies deckt sich mit den Aussagen einer Vielzahl von Autoren, wie z. B. denen von Omachonu und Einspruch (2010), Gläser & Laudel (2010) und Pope und Mays (1995).

Zur Erhöhung der empirischen Absicherung wurden die Erkenntnisse aus der Dokumentenanalyse als Basis genommen und durch die Interviews erweitert (siehe auch Kuper, Reeves und Levinson (2008) und Gläser und Laudel (2010, S. 105 f.)). Für diese Forschungsarbeit wurden so die Schwächen einer Methode soweit wie möglich durch die Stärken anderer Methoden ausgeglichen (Triangulation).

Für die notwendigen Experteninterviews zur Bearbeitung das oben genannten Forschungsfragen eignen sich Leitfadeninterviews am besten, da durch sie sichergestellt werden kann, dass alle für die Erforschung des jeweiligen Sachverhaltes relevanten Aspekte auch zur Sprache kommen. Außerdem können durch den Leitfaden Gewöhnungsprozesse sowie implizite Wandlungen des Verständnisses während der Untersuchung entgegengewirkt werden und die Vergleichbarkeit zwischen den Interviews erhöht werden (Gläser & Laudel, 2010, S. 115 ff.; Kaune, 2010, S. 134 ff.; Bortz & Döring, 2005).

Die Erstellung des Leitfadens wurde in Anlehnung an, jedoch nicht komplett nach dem SPSS-Verfahren, wie von Helferrich (2005, S. 162 ff.) beschrieben, durchgeführt. Das vorgestellte SPSS-Verfahren erschien für die hier beschriebenen Zwecke nur zum Teil geeignet, da verschiedene Interviewpartner mit teilweise sehr unterschiedlichem Fachwissen interviewt werden sollten. Daher wurde zuerst ein Basisleitfaden nach diesem Prinzip entwickelt, der alle relevanten Themenbereiche (Arzneimittelzulassung, Inverkehrbringen von Medizinprodukten und überlappende Themen) beinhaltet. Abhängig vom jeweiligen Experten wurden dann die Themenblöcke des Basisleitfadens ausgewählt, die nach dem antizipierten Wissensstand für den jeweiligen Experten relevant erschienen (Gläser & Laudel, 2010, S. 150 ff.). Außerdem wurde teilweise von dem von Helferrich (2005, S. 162 ff.) vorgeschriebenen Format Abstand genommen, was sich in den Interviews als sehr hilfreich erwiesen hat.

Die Reduktionsmethode und die qualitative Inhaltsanalyse nach Mayring (2010) wurden aus verschiedenen Gründen zur Analyse der Experteninterviews verwendet: Zum einen hat sich die qualitative Inhaltsanalyse nach Phillipp Mayring im deutschsprachigen Raum über Jahre hinweg etabliert (vgl. z. B. Gläser & Laudel (2010) und Steigleder (2008)) und zeichnet sich außerdem durch ihre strukturierte (auch regelgeleitet genannte) und nachvorllziehbare Herangehensweise aus (Steigleder, 2008, S. 11; Bortz & Döring, 2005, S. 332 f.), die die Objektivität und die Verlässlichkeit der Ergebnisse bestmöglich sicherstellt. Dies ist besonders wichtig, da qualitative Analysen letztendlich immer auf subjektiven Einschätzungen beruhen. Die durch die qualitative Inhaltsanalyse nach Mayring (2010) streng vorgegebene Regelgeleitetheit wirkt dem jedoch entgegen und verhindert dadurch z. B. willkürliche Schlussfolgerungen. Des Weiteren wurde, um die Subjektivität der Einschätzungen zu minimieren und um Ergebnisse möglichst allgemeingültig formulieren zu können, beim Kodieren ein externer Zweitkodierer eingesetzt und unterschiedliche Interpretationen des Gesagten gegebenenfalls kritisch diskutiert, was wie im folgenden Unterpunkt „Gütekriterien" (S. 123) ausführlich diskutiert, Reliabilität und Validität verbessert hat.

Es ist auch zu beachten, dass Häufigkeitsverhältnisse in einem statistischen Sinn innerhalb einzelner Kategorien verzerrt sein können, z. B. wurden zwei Vertreter von Benannten Stellen, aber nur ein Zulassungsexperte für Arzneimittel interviewt. Um solche Verzerrungen zu verhindern, hätten die Anzahl der Interviewpartner und die Zeit, die sie interviewt werden, standardisiert werden müssen. Dies hätte jedoch den Umfang der von den Experten zur Verfügung gestellten Informationen limitiert. An dieser Stelle sei auf den Unterschied zwischen dem Konzept der statistischen Repräsentativität in der quantitativen Forschung und der in qualitativen Studien angestrebten psychologischen Repräsentativität hingewiesen. Während in quantitativen Studien die Anzahl der Interviewpartner in den verschiedenen Interessengruppen eine systematische Verzerrung bestimmter Aussagehäufigkeiten bedingen kann, kann dies bei qualitativen Untersuchungen wie der vorliegenden in Kauf genommen werden. Hier steht in der Regel ein umfassendes Bild möglicher Themen im Interesse des Erkenntnisprozesses (psychologische Repräsentativität), nicht deren Häufigkeit (statistische Repräsentativität). Für die Darstellung weiterer Unterschiede zwischen quantitativer und qualitativer Forschung sowie verschiedener Ansätze innerhalb der qualitativen Methoden sei auf die Arbeit von Kuper, Reeves und Levinson (2008) verwiesen.

Da es in dieser Forschungsarbeit darum ging, ein möglichst umfassendes Bild über Themengebiete zu erhalten, in denen Verbesserungen möglich sind, sowie Fachwissen und Erkenntnisse über Besonderheiten des Zulassungsprozessen von Arzneimitteln und dem Inverkehrbringen von Medizinprodukten zu gewinnen, wäre die Standardisierung der Anzahl der Interviewpartner und der Zeit pro

Interview im Widerspruch zum Zweck der Studie. Die oben genannte psychologische Repräsentativität, zusammen mit der Einhaltung der Grundprinzipien der qualitativen Forschung sowie den Anforderungen an Leitfadeninterviews haben sich hierfür als wesentlich zweckdienlicher herausgestellt (vgl. z. B. Heldderich (2005, S. 160)). Daher wurde die gegebene statistische Verzerrung in Kauf genommen.

Gütekriterien

Reliabilität und Validität sind laut Mayring (2010, S. 116 ff.) und Rössler (2010, S. 195 ff.) die wichtigsten klassischen Gütekriterien. Die Objektivität wird häufig als weiteres Gütekriterium der genannt (Bortz & Döring, 2005, S. 326 f.). Die Messung der Reliabilität und der Validität in qualitativen Studien ist schwierig und in der quantitativen Forschung bewehrte Methoden der Zuverlässigkeitsprüfung werden in der qualitativen Forschung aus methodologischen Gründen grundsätzlich abgelehnt (Bortz & Döring, 2005, S. 327; Bos & Tarnai, 1986, S. 62). Die Reliabilität ist an der passenden Zuordnung der Textmerkmale zu den Kategorien zu messen, meist mit Unterstützung durch einen zweiten Kodierer. Schwieriger ist die Validität abzuschätzen. Hierfür wird „der interpersonale Konsens als Gütekriterium herangezogen" (Bortz & Döring, 2005, S. 335). Empfohlen wird die Reliabilitätsprüfung der einzelnen Kategorien, gefolgt von einem iterativen Prozess der Verbesserung der Kategorien. Zur Steigerung der Validität wurden nach einem ersten Probelauf die Kategorien noch einmal überarbeitet und die Konsensbildung mit der externen medizinischen Fachkraft angestrebt, was aufgrund der unterschiedlichen Ausbildungen der beiden Forscher ein „stärkeres Indiz für Validität [ist] als ein Konsens, der unter eingeschworenen Vertretern derselben „Schule" erreicht wird" (Bortz & Döring, 2005, S. 335). Die Objektivität beschreibt, dass Forscher „mit denselben Methoden zu vergleichbaren Resultaten kommen können" (Bortz & Döring, 2005, S. 326). Hierzu ist ein transparentes, in ausreichendem Maß standardisiertes vorgehen notwendig (Bos & Tarnai, 1986, S. 326 f.).

Ohne tiefer auf die teilweise berechtigte Kritik an diesen Gütekriterien bei qualitativer Forschung eingehen zu wollen (vgl. z. B. Mayring (2010, S. 117 f.) und Bortz und Döring (2005, S. 327 f.)), wird im folgenden Teil differenziert dargestellt, wie Reliabilität und Validität in dieser Forschungsarbeit so weit wie möglich sichergestellt wurden. Hierzu wird zuerst noch einmal kurz auf die beiden Begriffe eingegangen, bevor die Vorgehensweise in dieser Studie beschrieben wird.

Bei Inhaltsanalysen bedeutet Reliabilität, dass „die Kategoriebildung, durch eine inhaltliche Auswahl [...] getroffen wird, und entsprechende Kodierungen so vorgenommen werden, daß [...] der Nachweis einer möglichst einheitlichen

Handhabung des Kategoriesystems durch alle beteiligten Kodierer getroffen wird" (Bos & Tarnai, 1986, S. 62). Zur Überprüfung der Reliabilität wird das Wiederholungsverfahren mit unterschiedlichen beteiligten Personen empfohlen. Hierbei wird ein Kategoriesystem von verschiedenen Kodierern auf denselben Inhalt angewandt. Je höher der Grad der Übereinstimmung, desto höher die Reliabilität (Bos & Tarnai, 1986, S. 62).

In der Literatur werden zur Messung der Übereinstimmung verschiedener Kodierer unterschiedliche Koeffizienten vorgeschlagen (Mayring, 2010, S. 121; Landis & Koch, 1977, S. 163ff). Im Folgenden wird der von Landis und Koch (1977, S. 163 ff.) vorgeschlagene Kappa-Koeffizient verwendet:

$$\kappa = \frac{\pi_0 - \pi_e}{1 - \pi_e}$$

Hier ist π_0 die beobachtete Übereinstimmung und π_e die erwartete Übereinstimmung. Der Reliabilitätskoeffizient κ gibt an, wie sehr die tatsächlich beobachtete Übereinstimmung von der zufällig zu erwartenden abweicht (Landis & Koch, 1977, S. 163 ff.). Akzeptable Werte für den Reliabilitätskoeffizient schwanken: Bos und Tarnai (1986, S. 62) sprechen von einem Koeffizienten von größer 0,7 als akzeptabel, Landis und Koch (1977, S. 165) fangen schon an bei einem Koeffizient größer 0,6 von einer substanziellen Übereinstimmung zu sprechen.

Um eine hohe Validität zu erreichen, empfehlen Bos und Tarnai (1986, S. 62 ff.) eine Reliabilitätsprüfung der einzelnen Kategorien. So können die Definitionen der Kategorien z. B. nach einem Probedurchlauf nachgebessert werden. „Die Feststellung der Reliabilität dient dann auch der Verbesserung der Qualität und somit der Validität der Kategorien" (Bos & Tarnai, 1986, S. 63). Zusammenfassend ist zu sagen: „Die Gütekriterien Objektivität, Reliabilität und Validität werden gewissermaßen vereint, wenn die endgültige Dimensionierung inhaltsanalytischer Kategorien durch einen iterativen Prozeß im Spannungsfeld von Deduktion und Induktion erfolgt" (Bos & Tarnai, 1986, S. 63).

In dieser Arbeit wurde mit einem unabhängigen Zweitkodierer gearbeitet. Als Zweitkodierer wurde eine medizinisch ausgebildete Fachkraft ausgewählt. Hierdurch ist ausreichendes Wissen über Arzneimittel und Medizinprodukte sichergestellt. Durch die Unabhängigkeit der Fachkraft ist jedoch auch genug Abstand sichergestellt, um die Kriterien sicher und unvoreingenommen anzuwenden.

Nach einem Testdurchlauf wurden die Kriterien noch einmal überarbeitet, wie z. B. von Gläser und Laudel (2010, S. 207 f.) oder Bos und Tarnai (1986, S. 62 ff.) empfohlen, um eine verbesserte Trennschärfe zu ermöglichen. Beide Kodierer kodierten daraufhin zuerst unabhängig voneinander die Interviews. Textstellen, die unterschiedlich kodiert wurden, wurden gemeinsam angeschaut und diskutiert. In den meisten Fällen konnten sich die Kodierer auf eine einheitliche Kodierung einigen. Nach diesem Schritt gab es von insgesamt 723 kodierten Stellen nur noch 57 divergente Stellen, also rund 7,9%. Somit ist eine Übereinstimmung von rund 92,1% erreicht. Ein Großteil der beobachteten, unterschiedlichen Übereinstimmungen ist auf persönliche Präferenzen bei der Markierung zurückzuführen. Beispiele hierfür sind: Handelt es sich um eine Limitation oder eine Kritik, was ist ein ‚großer Abschnitt' und wird die Frage oder das Beispiel für das Argument mit markiert?

Als zufällige Übereinstimmung wurde eine Übereinstimmung von ca. 5,9%[3] zu Grunde gelegt. Berechnet man nun mit dem oben vorgestellten Koeffizienten, die nach zufälliger Übereinstimmung übrigbleibende Übereinstimmung, ergibt sich:

$$\kappa = \frac{0{,}921 - 0{,}059}{1 - 0{,}059}$$

$$\kappa = 0{,}916$$

Dies ist ein sehr hoher Wert (Bos & Tarnai, 1986, S. 62; Landis & Koch, 1977, S. 165). Aufgrund der augenscheinlich gegebenen sehr hohen generellen Übereinstimmung wurde von einer weiteren Prüfung jeder einzelnen Kategorie abgesehen. Die Aussagekraft des oben berechneten Koeffizienten könnte dahingehend kritisch hinterfragt werden, als dass die beiden Kodierer nach der gegenseitigen Abstimmung nicht mehr unabhängig voneinander kodiert haben. Da diese kritische Verständigung Bestandteil des Analyseplans ist und der Datenvalidität dient, wird sie als nicht problematisch eingestuft. Die Übereinstimmung nach der gemeinsamen Diskussion kann damit im Ergebnis als sehr hoch bewertet werden (Bos & Tarnai, 1986, S. 62; Landis & Koch, 1977, S. 165). Des Weiteren legt die Konsistenz der Aussagen der verschiedenen Quellen eine hohe Validität der Deskription der derzeitigen Verfahren nahe. Um die Objektivität zu erhöhen, wurden alle Schritte genau beschrieben und für die Kodierung ein unabhängiger Zweitkodierer eingesetzt.

Neben Reliabilität und Validität nennt Mayring (2010, S. 118 ff.) noch weitere Gütekriterien, die spezifisch für die Inhaltsanalyse gelten und im Folgenden aufgelistet werden:

Die *semantische Gültigkeit* ist die „Richtigkeit der Bedeutungsrekonstruktion des Materials [und] drückt sich in der Angemessenheit der Kategoriedefinitionen"

---

[3] Bei 17 unterschiedlichen Kategorien sollte es vereinfacht bei zwei Kodierern eine zufällige Überschneidung von 1/17 geben.

(Mayring, 2010, S. 119) aus. Sie wurde durch die Überprüfung und Überarbeitung der Kategorien zusammen mit dem Zweitkodierer sichergestellt.

Die *Stichprobengültigkeit* hinterfragt die Qualität der Stichprobe. Wie in Kapitel 2.1.2. beschrieben und in Kapitel 4.3.2. im Unterpunkt „Identifikation und Repräsentativität der Interviewpartner" (S. 129) diskutiert, wurde bei der Stichprobenziehung großen Wert auf ein möglichst umfassendes Meinungsbild gelegt (sog. psychologische Repräsentativität). Außerdem decken sich die in dieser Arbeit befragten Interessengruppen weitestgehend mit denen von anderen Autoren vorgeschlagenen (vgl. z. B. Omachonu und Einspruch (2010)). Somit scheint die Stichprobengültigkeit im Verständnis der qualitativen Forschung ausreichend gegeben.

Die *korrelative Gültigkeit* beschreibt die Korrelation mit einem Außenkriterium, z. B. mit ähnlichen Ergebnissen anderer Studien. Dies ist nur möglich, „wenn bereits Ergebnisse einer Untersuchung mit ähnlicher Fragestellung und ähnlichem Gegenstand vorliegen" (2008, S. 112). Hierzu wurden die Interviews vor dem Hintergrund der Ergebnisse aus der Literaturrecherche betrachtet. Komplett überprüft werden konnte sie jedoch nicht, da keine anderen Studien identifiziert werden konnten, die genau den gleichen Sachverhalt analysieren (siehe hierzu Kapitel 4.2. „Kritische Einordnung in den aktuellen Forschungsstand" (S.114)). Nichtsdestotrotz kann von einer hohen korrelativen Gültigkeit ausgegangen werden, da in Veröffentlichungen, die speziell nur Arzneimittel oder Medizinprodukte ansprechen, überwiegend die gleichen Punkte angesprochen werden, die auch die Interviewpartner angesprochen haben. Beispielsweise sind alle in der Petition europäischer Experten zum Medizinprodukterecht angesprochenen Verbesserungsvorschläge (Neugebauer, 2013) auch in dieser Arbeit identifiziert.

Die *Vorhersagegültigkeit* kann nur angewendet werden, wenn sinnvoll Prognosen abgeleitet werden sollen. Dies ist in dieser Arbeit nicht der Fall. Die *Konstruktvalidität* konnte nicht direkt überprüft werden, da andere vergleichende Untersuchungen aus diesem Bereich aus der Literatur nicht bekannt sind. Sie ist jedoch durch die hohe Expertise der Interviewpartner, die Konsistenz der Ergebnisse aus unterschiedlichen Quellen und das dazu zusätzlich eingeholte gesondertes Expertenfeedback (vgl. Fußnote 3) gestützt.

Die *kommunikative Validierung* beschreibt die Überprüfung der Ergebnisse durch die Interviewpartner. Soweit die Interviewpartner sich dazu bereiterklärten, wurden die Interviews und deren Ergebnisse noch einmal mit ihnen besprochen. Die *Exaktheit* ist der Grad, zu „dem die Analyse einem bestimmten funktionellen Standard entspricht" (Mayring, 2010, S. 121). Sie ist im Kontext dieser Arbeit nicht relevant.

Die *Stabilität* sagt aus, inwieweit die Aussagen auch bei nochmaliger Kodierung gleich bleiben. Hierzu wurden die Textstellen von dem Haupt-Kodierer mehrmals nacheinander überprüft. Die erhaltene Einteilung blieb dabei in hohem Maß erhalten. Daher ist von einer hohen Stabilität der Ergebnisse auszugehen.

Die *Reproduzierbarkeit* beschreibt, inwiefern die erarbeiteten Ergebnisse unter vergleichbaren Umständen erneut gefunden werden können. Wichtig hierfür ist eine exakte Beschreibung des Vorgehens und der verwendeten Kategorien (vergleiche hierzu auch Kuper, Lingard und Levinson (2008a)). Wie oben schon beschrieben, zeichnet sich die qualitative Inhaltsanalyse nach Mayring (2010) durch ein hohes Maß an Nachvollziehbarkeit aus. Alle unternommenen Schritte wurden in der Arbeit exakt beschrieben und transparent dargestellt. Außerdem wurden die verwendeten Kategorien möglichst genau beschrieben. Somit sind die Grundlagen für eine gute Reproduzierbarkeit gegeben.

Ethische Aspekte

Wie in Kapitel 2.1.6. beschrieben, wurde großer Wert auf die Wahrung der ethischen Grundsätze gelegt: Da zur Beantwortung der Forschungsfragen verschiedene Interessenvertreter interviewt wurden, die wiederum miteinander und mit ihren Kollegen in Interaktion stehen, wurde besonderes Augenmerk darauf verwendet, dass sich durch die Veröffentlichung der Erkenntnisse die Beziehungen der einzelnen Interakteure nicht verschlechtern (Gläser & Laudel, 2010, S. 51 ff.; Helfferich, 2005, S. 169 ff.). Daher wurden entgegen dem Vorschlag in Helferrich (2005, S. 162 ff.) keine personenbezogenen Angaben, wie z. B. Alter, Geschlecht, beruflicher Hintergrund etc. erhoben und die Namen der Personen wurden durch Pseudonyme ersetzt. Eine komplette Anonymisierung der Volltexte der Interviews, die eine Identifikation ausschließt, konnte nicht garantiert werden, da unter Umständen eindeutige Rückschlüsse auf die Person aufgrund der Inhalte der Aussagen getroffen werden können. Um dies zu berücksichtigen, wurden nur gekürzte, relevante Textstellen aus den Interviews in der vorliegenden Arbeit veröffentlicht. Somit konnte eine faktische Anonymisierung sichergestellt werden, die für diese Arbeit als ausreichend und zweckmäßig angesehen wird.

Der starke Focus auf die faktische Anonymisierung hat sich bewährt, da manche Interviewpartner nur unter diesen Umständen bereit waren, sensible Informationen oder persönliche Einschätzungen preiszugeben. Dies hat die Aussagekraft der Interviews erheblich verstärkt und zu interessanten Erkenntnissen geführt, die ansonsten nicht bekannt geworden wären.

Die informierte Einwilligung als Teil der einschlägigen ethischen Grundsätze (Gläser & Laudel, 2010, S. 51 ff.; Helfferich, 2005, S. 169 ff.) wurde sichergestellt, indem die Interviewpartner im Vorfeld eine E-Mail erhalten haben, in der die Methodik, die generellen Themen sowie die Ziele der Interviews und die Art der Veröffentlichung der Ergebnisse in Form von transkribierten Texten vorgestellt wurden.

4.3.1 Deskription der derzeitigen Verfahren

Ein Problem bei der Dokumentenanalyse ist, dass der Forscher die zu untersuchenden Quellen subjektiv aussucht (Mayring, 2002). Die Subjektivität dieser Auswahl wurde in der vorliegenden Studie durch die Miteinbeziehung von Experten (vgl. Kapitel 2.2) bei der Identifikation der relevanten Gesetzestexte und die Suche nach relevanter Literatur in einschlägigen Datenbanken verringert. Da jedoch zur Deskription der derzeitigen Verfahren z. B. mit Bezug auf die Gesetztestexte und Gerichtsurteile keine systematische Literaturrecherche durchgeführt wurde, ist es zwar unwahrscheinlich, aber dennoch nicht gänzlich unmöglich, dass Texte bei der Analyse übersehen wurden. Außerdem hat sich seit der Veröffentlichung mancher verwendeter Quellen, wie z. B. der Kommentare zum Arzneimittelgesetzt und zum Medizinproduktegesetz teilweise die Interpretation der Gesetzestexte durch relevante Gerichtsurteile verändert, sodass die präsentierten Auslegungen nicht mehr zwingend aktuell sein müssen bzw. sich noch kein breiter Konsens ausgebildet haben muss. Dies war z. B. bei der Interpretation, dass auch Rauschmittel und Drogen, die physiologische Funktionen beeinflussen, unter die Definition von Arzneimitteln fallen (Deutsch & Lippert, 2011, S. 28 ff.). Dies wurde jedoch durch folgende zwei Urteile revidiert: EuGH, 10.07.2014 - C-358/13 und C-181/14. Auch in einem zweiten Beispiel wurden im Rahmen dieser Arbeit diskutierte Themen durch Gesetzesurteile geklärt: Die Forderung, dass Hersteller auch Haftungsansprüchen nachkommen können, wenn ein potentiell fehlerhaftes medizinisches Gerät ausgetauscht wird. Dies wurde im Gerichtsurteil EuGH, 05.03.2015 - C-503/13 und C-504/13 entschieden und somit Empfehlung drei aus Kapitel 4.4.2. weitestgehend umgesetzt. Hinzu kommt die Möglichkeit einer Neufassung von Gesetzestexten nach Abschluss der diesbezüglichen Analysen (Mai 2014). Diese Einschränkungen werden jedoch durch die externe Überprüfung von unabhängigen Experten und die Kombination aus Literaturrecherche und Interviews weitestgehend aufgehoben.

4.3.2 Experteninterviews und Schwachstellenanalyse

In diesem Abschnitt wird zuerst die Identifikation der Interviewpartner, gefolgt von der Repräsentativität derselben diskutiert. Danach folgen eine Erörterung der Vor- und Nachteile der gewählten Kommunikationsform und eine Diskussion der Extraktion der Daten.

Identifikation und Repräsentativität der Interviewpartner

Um ein möglichst umfassendes Bild der unterschiedlichen Meinungen und Bewertungen zur Arzneimittelzulassung und zum Inverkehrbringen von Medizinprodukten zu erhalten, wurden vier Haupt-Interessengruppen identifiziert, von denen aufgrund Ihrer Aufgaben innerhalb des Gesundheitssystems erwartet werden kann, dass sie unterschiedliche Auffassungen zu den untersuchten Prozessen haben. Die jeweils mit der Öffentlichkeitsarbeit betrauten Stellen dieser Interessengruppen wurden gebeten, Experten mit der notwendigen Fachexpertise aus ihren Reihen zu benennen. Die numerische Gleichheit innerhalb einer Gruppe wurde nicht forciert, um durch diese Offenheit ein möglichst umfassendes Bild über relevante, zu bewertende Themen zu erhalten sowie Fachwissen und neue Erkenntnisse über die Besonderheiten des Zulassungsprozesses bei Arzneimitteln und dem Inverkehrbringen von Medizinprodukten zu gewinnen.

Die identifizierten Haupt-Interessengruppen sind Anwender (Ethikkommissionen und Fachanwälte als Vertreter der Patienten), Finanziers (GKV und PKV), Überwacher (z. B. BfArM, Benannte Stellen) und Hersteller (Arzneimittel- und Medizinproduktehersteller). Diese Interessengruppen decken sich mit den von Omachonu und Einspruch (2010) identifizierten und für die Erforschung von Neuerungen im Gesundheitswesen besonders relevanten Interessenvertretern. Dabei gilt es zu beachten, dass in dieser Arbeit die Ärzte (vertreten durch den Vertreter der Ethikkommission) und Patienten in der Gruppe der Anwender zusammengefasst wurden. Ein stärkerer Fokus auf die Ärzte hätte wahrscheinlich im Bereich der Meldung von Vorkommnissen praktische Einblicke ermöglicht. Abgesehen davon scheinen die Interessen diese Gruppe jedoch durch die Einbeziehung der Ethikkommission mit ihren breiten Erfahrungshintergrund und Analysespektrum ausreichend vertreten.

Im Einzelnen wurden die jeweiligen Dachverbände der Haupt-Interessengruppen identifiziert und die Adressen der Kontaktpersonen für Öffentlichkeitsarbeit herausgesucht. Danach wurden die jeweiligen Dachverbände per E-Mail angeschrieben, mit der Bitte, geeignete Interviewpartner aus Ihren Reihen zu identifizieren. Insgesamt wurden 14 Institutionen und 22 mögliche Interviewpartner angeschrieben. Elf Interviewpartner aus neun Institutionen konnten für ein Interview gewonnen werden. Dabei hat sich keine der angeschriebenen Patientenvereinigungen und Verbraucherschutzorganisationen für ein Interview bereiterklärt. Ein Interview musste ausgeschlossen werden, da der Aufnahme des Interviews nicht zugestimmt wurde. Für eine Abhandlung darüber, warum Interviews aufgezeichnet werden müssen, sei auf Gläser und Laudel (2010, S. 157 f.) verwiesen. Verglichen mit anderen interviewbasierten Studien scheint die verbleibende Anzahl von zehn Interviewpartnern akzeptabel zu sein, insbesondere wenn man den hohen Grad an Expertise, der für diese Studie notwendig war, und die im politischen Umfeld gegebene Brisanz der kritischen Themen berücksichtigt (Oli, Vaidya, Subedi & Krettek, 2014; Schmidt & Klambauer, 2014; Putzeist, et al., 2013). Außerdem konnten alle Interessengruppen abgebildet werden: Es wurden zwei Anwender, drei Finanziers, drei Überwacher und zwei Hersteller interviewt, jeweils mit mindestens einem Experten für Arzneimittel und/oder Medizinprodukte.

Da pro Interessengruppe mit Ausnahme der Benannten Stellen und der GKV nur ein Repräsentant ausgewählt wurde, ist es möglich, dass die Einzelmeinungen des Repräsentanten von der konsolidierten Meinung der Institution, für die er bzw. sie steht, abweichen. Es ist jedoch zu beachten, dass die Interviewpartner in den meisten Fällen von den jeweiligen Institutionen benannt wurden oder ranghohe Vertreter der Institution waren. Daher kann davon ausgegangen werden, dass der Großteil der geäußerten Meinungen auch für die Institution repräsentativ ist. Gleichzeitig darf jedoch nicht vergessen werden, dass die Aussagen nur generelle Trends innerhalb der jeweiligen Interessengruppen darstellen und nicht komplett von allen Mitgliedern der jeweiligen Institution geteilt werden müssen.

Aus organisatorischen Gründen wurden in fünf Fällen Telefoninterviews durchgeführt. Es ist bekannt, dass Telefoninterviews sowohl große Vor- als auch Nachteile haben. Die größten Vorteile sind, dass Reise und Übernachtungskosten eingespart und Reisezeiten vermieden werden. Spontane Terminverschiebungen sind leichter möglich, was dem Interviewpartner mehr Flexibilität gibt. Die größten Nachteile sind, dass ein Teil der Kontrolle des Gesprächsflusses verloren geht, weniger Informationen zur Verfügung stehen (z. B. Dokumente oder visuelle Informationen wie Körpersprache) und gegebenenfalls ablenkende ‚Nebentätigkeiten' nicht verhindert werden können (Gläser & Laudel, 2010, S. 153 ff.). Daher wurden persönliche Interviews bevorzugt durchgeführt.

Große Unterschiede in der Aussagekraft zwischen Telefoninterviews und persönlichen Interviews waren in dieser Studie nicht zu beobachten. Vorhandene Unterschiede sind wahrscheinlich eher auf unterschiedliche Kommunikationsstile als auf die gewählte Kommunikationsform zurückzuführen.

In der qualitativen Inhaltsanalyse werden Informationen extrahiert, ohne dass die Position im Text oder die Position der Textabschnitte zueinander mit berücksichtigt werden (Gläser & Laudel, 2010, S. 204). Für diese Forschungsfrage ist dies aber nicht limitierend, da die genaue Abfolge der einzelnen Informationen im Interview nicht relevant ist. Außerdem wurden Textzusammenhänge so ausgewählt, dass sie nach Möglichkeit eine inhaltliche Einheit bilden und die Bedeutung im Gesamtzusammenhang wiederspiegeln. Somit konnte dieser Nachteil der Inhaltsanalyse ausreichend ausgeglichen werden.

Die Aussagen in den Interviews stellen eine Perspektive unter mehreren dar. So müssen nicht alle Aussagen, wie z. B. die Aussage, dass *„[w]enn ein pharmazeutischer Unternehmer einmal eine Zulassung für ein Arzneimittel erworben hat, gilt diese ein Leben lang"* (B3), von anderen Interviewpartnern oder dem Forscher geteilt werden. In dem zitierten Beispiel scheinen die laufende Pharmakovigilanz und die daraus mögliche Rücknahme der Zulassung unbeachtet. Trotzdem spiegelt sie die Auffassung des Interviewpartners wieder und ist als solche dargestellt, um der Vielfalt möglicher Auffassungen Rechnung zu tragen.

Auf die wichtige Problemstellung der Vergütung und der Haftung bei Arzneimitteln und Medizinprodukten wurde in dieser Arbeit nicht eingegangen. Hierzu sei auf das Gutachten des Sachverständigenrates zur Begutachtung der Entwicklung im Gesundheitswesen verwiesen, in dem diese Thematik aufgegriffen wird (Gerlach, et al., 2014). Auch auf die häufig mit Erstattungsfragen verknüpfte Nutzenbewertung bei medizinischen Maßnahmen wird in dieser Arbeit nur um am Rande eingegangen. Für eine weiterreichende Abhandlung dieses Themas wird auf Band 58 (2015) des Bundesgesundheitsblattes verwiesen (s. a. Rohdewohld, 2015).

4.4 Abgeleitete vorrangige Empfehlungen

Folgende vorrangige thematische Anknüpfungspunkte für Arzneimittel und Medizinprodukte lassen sich aus den Ergebnissen der Dokumentenanalyse, den Experteninterviews sowie der kritischen Einordnung in die aktuelle wissenschaftliche Literatur formulieren. Sie sind als Ausgangs- bzw. Anknüpfungspunkte einer weiteren diesbezüglichen Diskussion gedacht, ohne ihr vorgreifen zu wollen. Eine weiterführende Bewertung dieser Punkte liegt außerhalb des für diese Arbeit gesteckten Rahmens.

4.4.1 *Arzneimittel*

1) *Eine weitere Zentralisierung der Zulassung.* Dafür könnten z. B. die nationalen Behörden als Netzwerk fachlich spezialisierter Zentren unter der EMA weiter zentralisiert werden. Ziel ist, nationale Mehrfachstrukturen abzubauen und höhere Sicherheitsstandards europaweit durchzusetzen.

2) *Eine Verbesserung der finanziellen Grundlage der Zulassungsinstitutionen.* Eine Möglichkeit innerhalb Deutschlands wäre die Ausrichtung als sog. ‚Agency', die sich durch Gebühren finanziert, in Analogie zur EMA und als Alternative zur jetzigen Behördenstruktur. Ziel wäre, die materiellen Ressourcen für qualitativ verbesserte Prüfprozesse zu schaffen. Limitierend ist der Verlust der behördlichen Unabhängigkeit durch diese Art der Finanzierung.

3) *Die klare Herausarbeitung des Added Benefits und Head-to-Head Vergleiche schon bei der Zulassung.* Zulassungsinstitutionen könnten diese Vergleichsparameter vor allem bei Krankheiten mit hoher Prävalenz im Scientific Advice festlegen. Um Doppelbelastungen zu vermeiden, könnte dies zentralisiert auf europäischer Ebene stattfinden. Ziel ist es, den zusätzlichen Nutzen neuer Arzneimittel besser einschätzen zu können und gleichzeitig die Sicherheit von Arzneimitteln zu erhöhen. Limitierend wirken hierbei methodische Schwierigkeiten: Häufig ist die Wahl des Vergleichsprodukts problematisch, vor allem in dynamischen, forschungsintensiven Gebieten.

4) *Eine verstärkte Berücksichtigung der Verträglichkeit von Produkten.* Dies betrifft vor allem Indikationen, für welche es schon wirksame Therapien gibt. Ziel ist, Belastungen der Patienten durch Arzneimittel mit nur marginalem zusätzlichem Nutzen so gering wie möglich zu halten.

5) *Eine Offenlegungspflicht aller Studien für zulassungspflichtige Arzneimittel.* Nicht nur Zulassungsbehörden, sondern z. B. auch die für die Erstattung zuständigen Behörden sollten vollen Zugriff auf diese Studien haben. Ziel ist es, einem gerichteten Informationsbias entgegenzuwirken und Entscheidungen auf einer unverfälschten Evidenzgrundlage zu ermöglichen.

6) *Nebenwirkungen sollten zuverlässiger gemeldet werden.* Um die Wichtigkeit des Meldens unerwünschter Arzneimittelwirkungen weiter hervorzuheben, könnten z. B. die Körperschaften der ärztlichen Selbstverwaltung (Ärztekammern, Kassenärztliche Vereinigungen) ihre Mitglieder stärker als bisher in die Pflicht nehmen und auch Feed back-Mechanismen betreiben. Ziel ist, die momentan als hoch eingeschätzte Dunkelziffer nicht gemeldeter unerwünschter Ereignisse zu verringern und dadurch die Sicherheit von Arzneimitteln zu erhöhen.

7) *Das BfArM sollte auch Informationen über Nebenwirkungen, die von Dritten, beispielsweise der allgemeinen Presse oder der Fachpresse, berichtet wurden, als Ausgangspunkt für eigene weiterführende Nachforschungen nutzen.* Ziel wäre, Nebenwirkungen früher und zuverlässiger zu erkennen und damit die Funktionsfähigkeit des Pharmakovigilanz-Systems nachhaltig zu verbessern.

8) *Es sollte mehr Gebrauch von randomisierten Studien zur Überprüfung relevanter klinischer Endpunkte nach der Zulassung gemacht werden, soweit ethisch zulässig.* Dies gilt für Arzneimittel, die aufgrund von Surrogatkriterien zugelassen wurden. Generell sollten vermehrt Post-Authorisation Safety Studies durchgeführt werden. Ziel ist eine Verbesserung der Sicherheit der Arzneimittel nach der Zulassung.

9) *Es sollte geprüft werden, für besonders wichtige Arzneimittel wie Antibiotika und Impfstoffe, Rabattverträge abzuschaffen.* Ziel wäre, Lieferengpässen entgegenzuwirken und dadurch die Versorgung mit kritischen Arzneimitteln sicherzustellen.

10) *Eine Abschaffung oder Begrenzung von Parallel- und Reimporten* könnte als Inzentivierung für die Sicherstellung der Versorgung mit kritischen Arzneimitteln wirken.

4.4.2 Medizinprodukte

1) *Für Produkte mit hohem Risiko - zunächst für Klasse III Produkte - ist eine Reduktion der Anzahl und/oder eine Spezialisierung möglicher Benannter Stellen anzustreben. Das BfArM könnte zentrales Überwachungsorgan werden und notwendiges Know-How bündeln.* Alternativ müsste die Zusammenarbeit von BfArM, ZLG und den zuständigen Länderbehörden verbessert und transparenter gestaltet werden. Ziel ist, die Sicherheit und Leistungsfähigkeit von Medizinprodukten sowie generell die Standards zum Inverkehrbringen europaweit zu erhöhen sowie die Überwachung zu verbessern und transparenter zu gestalten.

2) *Es sollte es einen wirksamen Schutz vor Medizinprodukten geben, die sich nicht in relevantem Ausmaß positiv auf die Gesundheit der Patienten auswirken.* Ziel wäre, die Qualität der Medizinprodukte in Europa und die Sicherheit der Patienten zu erhöhen. Generell sollten dafür alle Studien zu Sicherheit und Wirksamkeit auch öffentlich zugänglich sein, um Ärzten und Patienten eine bessere Entscheidungsgrundlage zu geben.

3) *Patienten sollten europaweit nach vergleichbaren Kriterien entschädigt werden, wenn aufgrund eines fehlerhaften Produkts weitere medizinische Maßnahmen, z. B. Operationen, notwendig werden.* Diese Harmonisierung ist bereits in Richtlinie 85/374/EWG des Rates vom 25. Juli 1985 zur Angleichung der Rechts- und Verwaltungsvorschriften der Mitgliedstaaten über die Haftung für fehlerhafte Produkte vorgesehen. Ziel ist, Medizinproduktehersteller stärker zu motivieren, sichere Produkte auf den Markt zu bringen.

4) *Die Zusammenlegung der Direktive für Aktive Implantate (AIMD) und der Medizinprodukterichtlinie (MDD) sollte wie vorgesehen zeitnah erfolgen.* Dabei sollten auch die Anforderungen, die in den Anhängen der verschiedenen Direktiven gefordert werden, harmonisiert werden. Ziel ist, hierdurch den Prozess des Inverkehrbringens ohne Einbußen bei Sicherheit und Leistungsfähigkeit zu vereinfachen.

5) *Hinsichtlich des Nachweises der Sicherheit sowie der Wirksamkeit und Transparenz der Daten ist eine Orientierung an den Standards der FDA zu empfehlen.* Ziel ist, hierdurch die Sicherheit und den Nutzen für die Patienten nachhaltig und umfassend zu verbessern.

6) *Die Mindestanforderungen an Studien sollten angehoben werden.* Ziel ist die Stärkung und Vereinheitlichung des Nachweises der klinischen Effektivität, die Sicherheit von Medizinprodukten zu erhöhen und Patienten vor vermeidbaren Risiken zu schützen. Für bestimmte Produkte mit niedrigem Risiko wie zum Beispiel bei Spritzen könnte im Gegenzug zur Etablierung methodischer Standards ein vereinfachtes Verfahren, z. B. mit plausibler Darlegung der Nützlichkeit, diskutiert werden. Denkbar wären auch vereinfachte Verfahren für kleine Hersteller mit besonderen Privilegien, ähnlich der Orphan Drug Regularien[4] bei Arzneimitteln.

7) *Generell sollte der Grad der Standardisierung der einzureichenden Unterlagen erhöht werden.* Dies könnte ähnlich des ICH, das die Vereinheitlichung der Arzneimittelzulassungen betrieben hat, von einem freiwilligen Konsortium aus Benannten Stellen, Herstellern und ggf. Regierungen getragen werden. Ziel ist neben einer Qualitätsverbesserung der Prozesse des Inverkehrbringens, dieses zu beschleunigen und die Hersteller finanziell zu entlasten.

8) *Register, wie sie jetzt schon für Prothesen existieren, könnten auf weitere Klasse III Produkte (wie z. B. Stents) ausgeweitet werden bzw. neu geschaffen werden.* Ziel ist, die Sicherheit und Leistungsfähigkeit von Medizinprodukten nachhaltig zu erfassen.

9) *Sanktionsmöglichkeiten für nicht gemeldete Vorkommnisse könnten in Betracht gezogen werden.* Dies sollte unabhängig davon geschehen, ob es sich um Behandlungs- oder Produktfehler handelt. Ziel ist, die Anzahl der gemeldeten Vorkommnisse zu erhöhen und dadurch die Verbraucher zu schützen und langfristig die Produkte zu verbessern.

10) *Eine Unique-Device-Identification (UDI) für Produkte mit hohem Risiko sollte erwogen werden.* Ziel wäre sicherzustellen, dass Medizinprodukte im Falle von Komplikationen einfach und zuverlässig identifiziert und nachverfolgt werden können.

---

[4] Inklusive der bei Arzneimitteln üblichen hohen Anforderungen an die einzureichenden Studien.

5 Schlussfolgerungen

Die Forschungsziele konnten mit den verwendeten Methoden erreicht und über-prüft werden. Eine Beschreibung der Verfahren der Zulassung von Arzneimitteln bzw. des Inverkehrbringens von Medizinprodukten wurde auf Basis von Doku-mentenanalysen und Experteninterviews geleistet. Eine kritische Bewertung dieser Verfahren auf Basis der Positionen der Haupt-Interessengruppen wurde vorgelegt und anhand der aktuellen wissenschaftlichen Literatur kritisch disku-tiert.

Es hat sich gezeigt, dass die entwickelten Kategorien zur Strukturierung und zum Vergleich[1] der Aussagen zur Zulassung von Arzneimitteln und zum Inverkehr-bringen von Medizinprodukten sehr geeignet waren.

Der häufig geäußerte Vorschlag, Medizinprodukte wie Arzneimittel zuzulassen, ist momentan gesundheitspolitisch nicht realisierbar und wird von Teilen der Überwacher und Hersteller auch als nicht notwendig erachtet. Die momentan anvisierte Lösung, zur Konformitätsbewertung von Produkten mit hohem Risiko nur eine kleine Anzahl spezialisierter Benannter Stellen ernennen, scheint breite Akzeptanz zu finden.

Was die Qualität, die Methodik und den Umfang der einzureichenden Unterlagen angeht, kann bei den Medizinprodukten vor allem für Produkte mit hohem Risi-ko viel von den Arzneimitteln gelernt und übernommen werden, auch wenn unter bestimmten Umständen beispielsweise doppelt verblindete randomisierte kontrollierte Studien bei Medizinprodukten nicht möglich bzw. ethisch nicht vertretbar sind. Entsprechende Vorschläge wurden erarbeitet.

Bei den Sicherheitsanforderungen nach dem Inverkehrbringen besteht sowohl bei Arzneimittel als auch bei Medizinprodukten hoher Handlungsbedarf. Ansät-ze, die gleichermaßen für Arzneimittel wie auch für Medizinprodukte Informati-onen sammeln, sind denkbar. Bei Medizinprodukten ist sicherzustellen, dass sich Ärzte nicht strafbar machen, wenn sie Vorkommnisse melden.

Die Innovationsfähigkeit der europäischen Medizinproduktehersteller sollte nicht auf Kosten der Patientensicherheit gefördert werden. Alternativen zur Finanzie-rung umfangreicher Studien für kleine und mittelständische Unternehmen wären

---

[1] Mit Ausnahme von zwei Kategorien, nämlich der ‚Arten des Inverkehrbringens' und ‚An das Produkt angepasste Verfahren'

Fördermittel oder besonders finanzierte Verfahren für kleine Hersteller, ähnlich der Regulierungen für Orphan Drugs bei Arzneimitteln.

Im Rahmen der vorliegenden Untersuchung konnten wichtige Erkenntnisse gewonnen werden und auf dieser Basis als Empfehlungen formuliert werden. Gleichzeitig zeichnen sich weitere Forschungsfragen ab:

■ Wie von einem Experten vorgeschlagen, könnten die Statistiken der Vorkommnismeldungen systematisch analysiert werden, um in Bereichen, in denen besonders viele Vorkommnisse gemeldet werden, weitere Verbesserungsvorschläge zu erarbeiten.

■ Auch der Vorschlag, eine unabhängige Gruppe (z. B. ein Braintrust) solle die jetzigen Systeme zum Inverkehrbringen von Arzneimitteln und Medizinprodukten evaluieren, verdient hier noch einmal besondere Aufmerksamkeit. Zentrale Evaluationskriterien könnten die Innovationsförderung, der Nachweis von Sicherheit und der Nachweis der Wirksamkeit sein. Auf Basis dieser Evaluation könnten Vorschläge zur Vereinheitlichung formuliert werden.

■ Komplementär zu den hier vorgeschlagenen Evaluationskriterien könnte auch der deutsche Ethikrat Kriterien entwickeln, nach denen die Arzneimittelzulassung und das Inverkehrbringen von Medizinprodukten evaluiert werden. Eine Finanzierungsmöglichkeit könnte die Einrichtung einer Forschergruppe durch die DFG sein.

6 Literaturverzeichnis

Alzner, M. (2008). Qualitätsmanagement - Teil 2. In E. Wintermantel & S.-W. Ha, *Medizintechnik. Life Science Engineering* (S. 1557-1573). Berlin, Heidelberg: Springer-Verlag.

BfArM. (2013). *Besondere Therapierichtungen.* Aufgerufen am 20.01.2015 von http://www.bfarm.de/DE/Arzneimittel/zul/zulassungsarten/besTherap/_no de.html

BfArM. (2013a). *Zulassungsarten.* Abgerufen am 12. Mai 2014 von http://www. bfarm.de/DE/Arzneimittel/zul/zulassungsarten/_node.html

Blake, K. ((36) 2013). Postmarket surveillance of medical devices: current capabilities and future opportunities. *Journal of Interventional Cardiac Electrophysiology*, S. 119-127.

BMG. (Juni 2010). *Marktzugangsvoraussetzungen für Medizinprodukte.* Abgerufen am 5. März 2014 von http://www.bmg.bund.de/fileadmin/ dateien/Downloads/M/Medizinprodukte/Medizin_Produkte_Marktzugang svoraussetzungen_fuer_Medizinprodukte.pdf

Borg, J.-J., Aislatner, G., Pirozynski, M. & Mifsud, S. (01. März 2011). Strengthening and Rationalizing Pharmacovigilance in the EU: Where is Europe going to? *Drug Safety*, S. 187-197.

Bortz, J. & Döring, N. (2005). *Forschungsmethoden und Evaluation für Human und Sozialwissenschaftler - 3. Auflage.* Heidelberg: Springer Meditin Verlag.

Bos, W. & Tarnai, C. (1986). *Angewandte Inhaltsanalyse in empirischer Pädagogik und Psychologie.* Münster: Waxmann Verlag GmbH.

Bundesministerium für Gesundheit. (11. Oktober 2013). Abgerufen am 14. Jannuar 2014 von Infografiken zum Arzneimittelmarktneuordnungs-gesetz: http://www.bmg.bund.de/krankenversicherung/arzneimittel versorgung/arzneimittelmarktneuordnungsgesetz-amnog/infografiken-zum-amnog.html

Bundesministerium für Gesundheit. (19. November 2013). *Mehr Patienten-sicherheit – Das BMG hat zu dem von der EU verhandelten neuen Rechtsrahmen für Medizinprodukte ein Positionspapier erstellt.*

Abgerufen am 14. Jannuar 2014 von http://www.bmg.bund.de/ gesundheitssystem/medizinprodukte/neue-eu-rechtsvorschrften.html

BVmed. (14. März 2013). Verkehrsfähige MP und IVD nach Klassen (Anzeige des Inverkehrbringens in Deutschland, Widerrufe ausgeschlossen). *auf persönliche Anfrage erhaltene Dokumente.*

CDU, CSU und SPD. (2013). *Deutschlands Zukunft Gestalten Koalitionsvertrag zwischen CDU, SCU und SPD 18. Legislaturperiode.* Abgerufen am 14. Jannuar 2014 von http://www.bundesregierung.de/Content/DE/_Anlagen/2013/2013-12-17-koalitionsvertrag.pdf;jsessionid=89275011 6F0AD3778639DC68E0008A CD.s4t2?__blob=publicationFile&v=2

CMDh. (31. Dezember 2013). *Heads of Medicines Agencies.* Abgerufen am 17. April 2014 von http://www.hma.eu/fileadmin/dateien/Human_Medicines/ CMD_h_/Statistics/2013_Annual_Statistics.pdf

COMP. (2014). *Committee for Orphan Medicinal Products (COMP).* Abgerufen am 27. Mai 2014 von http://www.ema.europa.eu/ema/index.jsp? curl=pages/about_us/general/general_content_000263.jsp&mid=WC0b01 ac0580028e30

Deutsch, E. & Lippert, H.-D. (2011). *Kommentar zum Arzneimittelgesetz (AMG).* Heidelberg: Springer.

Deutsch, E., Lippert, H.-D., Ratzel, R. & Tag, B. (2010). *Kommentar zum Medizinproduktegesetz (MPG).* Berlin, Heidelberg: Springer-Verlag.

DGS & BDS. (14. Juni 2014). *Ethik-Kodex der Deutschen Gesellschaft für Soziologie (DGS) und des Berufsverbandes Deutscher Soziologinnen und Soziologen (BDS).* Abgerufen am 14. Juni 2014 von http://www. soziologie.de/de/die-dgs/ethik-kommission/ethik-kodex.html

DIMDI. (28. März 2014). *Das DIMDI - Medizinwissen online.* Abgerufen am 18. November 2014 von Europäischer Markt: https://www.dimdi.de/ static/de/mpg/europa/index.htm

Ebbers, H., Pieters, T., Leufkens, H. & Schellekens, H. (Februar 2012). Effective pharmaceutical regulation needs alignment with doctors. *Drug Discovery Today*, S. 100-103.

Edwards, B. & Chakraborty, S. (35 (11) 2012). Risk Communication and the Pharmaceutical Industry. *Drug Stafety*, S. 1027-1040.

EMA. (1. Februar 2005). *Guideline on Summary of requirements for active substances in the quality part of the dossier.* Abgerufen am 06. Mai 2014 von http://www.ema.europa.eu/docs/en_GB/document_library/Scientific_guid eline/2009/09/WC500002813.pdf

Enzmann, H. & Broich, K. (Issue 2. Volume 107 2013). Krebs - alles ganz anders? Besonderheiten onkologischer Arzneimittel aus Sicht der Arzneimittelzulassung. *Zeitschrift für Evidenz, Fortbildung und Qualität im Gesundheitswesen,* S. 120-128.

European Commission. (12. Dezember 2013). *Revision of the medical device directives.* Abgerufen am 14. Jannuar 2014 von http://ec.europa.eu/health/ medical-devices/documents/revision/index_en.htm

Fischer, B. (2013). *Die Pharmaindustrie: Einblick - Durchblick - Perspektiven.* Heidelberg: Springer.

Gerichtshof der Europäischen Union. (10. Juli 2014). Urteil in den verbundenen Rechtssachen C-358/13 und C-181/14. *Gerichtshof der Europäischen Union Pressemitteilung Nr 99/14,* S. 1-2.

Gerlach, F. M., Greine, W., Haubitz, M., Schaeffer, D., Thürmann, P., Thüsing, G. & Wille, E. (2014). *Bedarfsgerechte Versorgung - Perspektiven für ländliche Regionen und ausgewählte Leistungsbereiche.* Berlin: Sachverständigenrat zur Begutachtung der Entwicklung im Gesundheitswesen.

Gibis, B. & Steiner, S. (2014). Wie kommt das Neue in die (Gesundheits-)Welt? Chancen und Limitationen eines Innovationsfonds in der Gesetzlichen Krankenversicherung. *Gesundheits- und Sozialpolitik,* S. 20-25.

Gläser, J. & Laudel, G. (2010). *Experteninterviews und qualitative Inhaltsanalyse.* Wiesbaden: VS Verlag.

Harhammer, R. (2001). Zur Risikobewertung des zahnärztlichen Füllungswerkstoffes Amalgam. *Bundesgesundheitsblatt - Gesundheitsforschung – Gesundheitsschutz,* S. 149-154.

Hartmann, M., Mayer-Nicolai, C. & Pfaff, O. ((87) 2013). Approval probabilities and regulatory review patterns for anticancer drugs in the European Union. *Critical Reviews in Oncology/Hematology,* S. 112-121.

Helfferich, C. (2005). *Die Qualität qualitativer Daten.* Wiesbaden: VS Verlag.

Hibbeler, B. (2012). *Fehlerhafte Brustimplantate: Tausende Frauen in Deutschland betroffen.* Abgerufen am 25. April 2014 von http://www.

aerzteblatt.de/archiv/118989/Fehlerhafte-Brustimplantate-Tausende-Frauen-in-Deutschland-betroffen

Hoebert, J., Irs, A., Mantel-Teeuwisse, A. & Leufkens, H. (67:1 2012). Future of the European Union regulatory network in the context of the uptake of new medicines. *British Journal of Clinical Pharmacology*, S. 1-6.

Hölscher, U. (15. April 2014). Schäden im Zusammenhang mit Medizinprodukten - rechtliche und organisatorische Risiken. *Das Gesundheitswesen*, S. 1-6.

ICH. (2014). *Vision: ICH.* Abgerufen am 2014. Mai 07 von http://www.ich.org/about/vision.html

Janzen, R. & Ludwig, W. (2 2012). Off-Label-Therapie: aktuelle Probleme aus Sicht der Arzneimittelkommission der deutschen Ärzteschaft. *Zeitschrift für Rheumatologie*, S. 108-118.

Kaune, K. (2010). Qualitative Techniken - Leitfadeninterview und Inhaltsanalyse. In A. Kaune, *Change Management mit Organisationsentwicklung* (S. 134-151). Erich Schmidt Verlag GmbH & Co KG.

Kramer, D. B., Tan, Y. T., Sato, C. & Kesselheim, A. S. (10. Juli 2014). Ensuring Medical Device Effectiveness and Safety: A Cross-National Comparison of Approaches to Regulation. *Food and Drug Law Journal (NIH-PA Author Manuscript)*, S. 69(1), 1-16.

Kramer, D. B., Xu, S. & Kesselheim, A. S. (e1001276. Vol. 9, Issue 7 2012). How Does Medical Device Regulation Perform in the United States and the European Union? A Systematic Review. *PLoS Medicine*, S. 1-10.

Kramer, D. B., Xu, S. & Kesselheim, A. S. (366;9. March 2012a). Regulation of Medical Devices in the United States. *The New England Journal of Medicine*, S. 848-855.

Kuper, A., Lingard, L. & Levinson, W. (20. September 2008a). Qualitative Research: Critically Appraising Qualitative Research. *British Medical Journal*, S. 687-689 (Vol. 337, No. 7671).

Kuper, A., Reeves, S. & Levinson, W. (16. August 2008). Qualitative Research: An Introduction to Reading and Appraising Qualitative Research. *British Medical Journal*, S. 404-407 (Vol. 337, No. 7666).

Landis, J. R. & Koch, G. G. (März 1977). The Measurement of Observer Agreement for Categorical Data. *Biometrics*, S. 159-174.

Lang, A. (Vol. 108, Issue 5-6 2014). Marktzulassung und -überwachung von Medizinprodukten in Deutschland: Wo sollte noch koordiniertwerden? *Zeitschrift für Evidenz, Fortbildung und Qualität im Gesundheitswesen,* S. 320-324.

Mayring, P. (2002). *Qualitative Sozialforschung.* Weinheim: Beltz Verlag.

Mayring, P. (2008). *Die Praxis der Qualitativen Inhaltsanalyse.* Basel: Beltz Verlag.

Mayring, P. (2010). *Qualitative Inhaltsanalyse Grundlagen und Techniken.* Basel: Beltz Verlag.

Neugebauer, E. (Issues 4-5. (107) 2013). Petition europäischer Experten zum Medizinprodukterecht. *Zeitschrift für Evidenz, Fortbildung und Qualität im Gesundheitswesen,* S. 347-350.

Oli, N., Vaidya, A., Subedi, M. & Krettek, A. (Vol. 7 2014). Experiences and perceptions about cause and prevention of cardiovascular disease among people with cardiometabolic conditions: findings of in-depth interviews from a peri-urban Nepalese community. *Global Health Action,* S. 1-11.

Omachonu, V. K. & Einspruch, N. G. (Volume 15(1), Article 2 2010). Innovation in Healthcare Delivery Systems: A Conceptual Framework. *The Innovation Journal: The Public Sector Innovation Journal,* S. 1-20.

Parvizi, N. & Woods, K. (Vol. 14, No. 1 2014). Regulation of medicines and medical devices: contrasts and similarities. *Clinical Medicine,* S. 6-12.

Pope, C. & Mays, N. (1. July 1995). Reaching the parts other methods cannot reach: an introduction to qualitative methods in health and health service research. *British Medical Journal,* S. 42-45 (Volume 311).

Putzeist, M., Heemstra, H. E., Llinares-Garcia, J., Mantel-Teeuwisse, A. K., Gispen-De Wied, C. C., Hoes, . . . Leufkens, H. G. (2012). Determinants for successful marketing authorisation of orphan medicinal products in the EU. *Drug Discov Today,* S. 17(7-8): 352-8.

Putzeist, M., Mantel-Teeuwisse, A. K., de Vrueh, R. L., Gispen-de Wied, C. C., Hoes, A. W. & Leufkens, H. G. (2013). Scientific Advice as Witnessed and Perceived Through an SME Lens. In M. Putzeist, *Marketing authorisation of new medicines in the EU: Towards evidence based improvement* (S. 127-141). Utrecht: Thesis Utrecht University.

Rohdewohld, H. (2015). Bundesgesundheitsblatt - Gesundheitsforschung – Gesundheitsschutz. In *Nutzenbewertung bei medizinischen Maßnahmen* (S. 219-340, Band 58, Heft 3, März 2015). Heidelberg: Springer.

Rössler, P. (2010). *Inhaltsanalyse 2. Auflage.* Konstanz: UVK Vertragsgesellschaft mbH.

Schmidt, A. E. & Klambauer, E. (76 2014). Zwischen Ökonomisierung und Work-Life-Balance – Perspektiven zur Abwanderung von deutschem Gesundheitspersonal nach Österreich. *Gesundheitswesen*, S. 312-316.

Seghezzi, H. & Wasmer, R. (2008). Qualitätsmanagementsysteme, Zertifizierung und Zulassung - Teil 1. In E. Wintermantel & S.-W. Ha, *Medizintechnik. Life Science Engineering* (S. 1537-1556). Berlin, Heidelberg: Springer-Verlag.

Sorenson, C. & Drummond, M. (1. (92) 2014). Improving Medical Device Regulation: The United States and Europe in Perspective. *The Milbank Quarterly*, S. 114-150.

Spielgel. (10. Dezember 2013). *Spiegel Online.* Abgerufen am 18. November 2014 von Skandal um Billig-Brustimplantate: PIP-Chef Mas muss vier Jahre in Haft: http://www.spiegel.de/panorama/justiz/skandal-um-fehlerhafte-brustimplantate-pip-chef-mas-verurteilt-a-938172.html

Steigleder, S. (2008). *Die strukturierende qualitative Inhaltsanalyse im Praxistest Eine konstruktiv kritische Studie zur Auswertungsmethodik von Philipp Mayring.* Marburg: Tecum Verlag Marburg.

Wente, M. ((106) 2012). Hürden bei Studien mit Medizinprodukten. *Zeitschrift für Evidenz, Fortbildung und Qualität im Gesundheitswesen*, S. 315-319.

Winkelhage, J., Diederich, A., Heil, S., Lietz, P., Schmitz-Justen, F. & Schreie, M. (2007). Qualitative Stakeholder-Interviews: Entwicklung eines Interviewleitfadens zur Erfassung von Prioritäten in der medizinischen Versorgung. (F. Jacobs University Bremen, Hrsg.) *Priorisierung in der Medizin, 04*, S. 1-31.

Zens, Y., Fujita-Rohwerder, N. & Windeler, J. (März 2015). Nutzenbewertung von Medizinprodukten. *Bundesgesundheitsblatt*, S. 240-247.

ZLG. (18. November 2014). Abgerufen am 18. November 2014 von Herzlich willkommen auf den Internetseiten der ZLG: https://www.zlg.de/zlg.html

ZLG. (03. Januar 2015). *Zentralstelle der Länder für Gesundheitsschutz bei Arzneimitteln und Medizinprodukten.* Abgerufen am 03. Januar 2015 von Koordinierung: https://www.zlg.de/medizinprodukte/koordinierung.html

ZLG. (03. Januar 2015a). *Zentralstelle der Länder für Gesundheitsschutz bei Arzneimitteln und Medizinprodukten.* Abgerufen am 03. Januar 2015 von Fachexpertengruppen (FEG): https://www.zlg.de/medizinprodukte/ gremien/fegs.html

ZLS. (2014). *Zentralstelle der Länder für Sicherheitstechnik (ZLS).* Abgerufen am 03. Januar 2015 von Wir über uns: http://www.zls-muenchen.de/de/ left/wir/wir-ix.htm

7 Rechtsquellenverzeichnis

Arzneimittelgesetz in der Fassung der Bekanntmachung vom 12. Dezember 2005 (BGBl. I S. 3394), das zuletzt durch Artikel 2a des Gesetzes vom 27. März 2014 (BGBl. I S. 261) geändert worden ist

EuGH, Urt. v. 10.07.2014 - C-358/13 und C-181/14

EuGH, Urt. v. 05.03.2015 - C-503/13 und C-504/13

Medizinproduktegesetz in der Fassung der Bekanntmachung vom 7. August 2002 (BGBl. I S. 3146), das zuletzt durch Artikel 16 des Gesetzes vom 21. Juli 2014 (BGBl. I S. 1133) geändert worden ist

Medizinprodukte-Durchführungsvorschrift (MPGVwV) Allgemeine Verwaltungsvorschrift zur Durchführung des Medizinproduktegesetzes (Medizinprodukte-Durchführungsvorschrift - MPGVwV) vom 18. Mai 2012

Medizinprodukte-Sicherheitsplanverordnung vom 24. Juni 2002 (BGBl. I S. 2131), die durch Artikel 4 der Verordnung vom 25. Juli 2014 (BGBl. I S. 1227) geändert worden ist

Richtlinie 2001/83/EG des Europäischen Parlaments und des Rates vom 6. November 2001 zur Schaffung eines Gemeinschaftskodexes für Humanarzneimittel (ABl. L 311 vom 28.11.2001, S. 67)

Richtlinie 2001/20/EG des Europäischen Parlaments und des Rates vom 4. April 2001 zur Angleichung der Rechts- und Verwaltungsvorschriften der Mitgliedstaaten über die Anwendung der guten klinischen Praxis bei der Durchführung von klinischen Prüfungen mit Humanarzneimitteln (ABl. L 121 vom 1.5.2001, S. 34)

Richtlinie 90/385/EWG des Rates vom 20. Juni 1990 zur Angleichung der Rechtsvorschriften der Mitgliedstaaten über aktive implantierbare medizinische Geräte (ABl. L 189 vom 20.7.1990, S. 17)

Richtlinie 90/385/EWG des Rates zur Angleichung der Rechtsvorschriften der Mitgliedstaaten über aktive implantierbare medizinische Geräte vom 20. Juni 1990 (ABl. L 189, S. 17) zuletzt geändert durch Artikel 1 der Richtlinie 2007/47/EG vom 5. September 2007 (ABl. L 247, S. 21) in Kraft getreten am 11. Oktober 2007

Richtlinie 93/42/EWG des Rates vom 14. Juni 1993 über Medizinprodukte (ABl. L 169 vom 12.7.1993, S. 1)

Richtlinie 98/79/EG des Europäischen Parlaments und des Rates vom 27. Oktober 1998 über In-vitro-Diagnostika (ABl. L 331 vom 7.12.1998, S. 1)

Richtlinie 98/79/EG des Europäischen Parlaments und des Rates vom 27. Oktober 1998 über In-vitro-Diagnostika

Das Fünfte Buch Sozialgesetzbuch - Gesetzliche Krankenversicherung - (Artikel 1 des Gesetzes vom 20. Dezember 1988, BGBl. I S. 2477, 2482), das zuletzt durch Artikel 1 des Gesetzes vom 11. August 2014 (BGBl. I S.1346) geändert worden ist

Verordnung (EG) Nr. 1394/2007 des Europäischen Parlaments und des Rates vom 13. November 2007 über Arzneimittel für neuartige Therapien und zur Änderung der Richtlinie 2001/83/EG und der Verordnung (EG) Nr. 726/2004 (ABl. L 324/121 vom 10.12.2007)

Verordnung (EG) Nr. 141/2000 des Europäischen Parlaments und des Rates vom 16. Dezember 1999 über Arzneimittel für seltene Leiden (ABl. L 18/1 vom 22.1.2000)

Verordnung (EG) Nr. 726/2004 des Europäischen Parlaments und des Rates vom 31. März 2004 zur Festlegung von Gemeinschaftsverfahren für die Genehmigung und Überwachung von Human- und Tierarzneimitteln und zur Errichtung einer Europäischen Arzneimittel-Agentur (ABl. L 125/11 vom 16.6.2009)

Verordnung (EG) Nr. 765/2008 des Europäischen Parlaments und des Rates vom 9. Juli 2008 über die Vorschriften für die Akkreditierung und Marktüberwachung im Zusammenhang mit der Vermarktung von Produkten und zur Aufhebung der Verordnung (EWG) Nr. 339/93 des Rates (ABL. L 218/30 vom 13.8.2008)Anhang

8 Anhang

8.1 Beispielanschreiben

 Bayerisches Landesamt für

Gesundheit und Lebensmittelsicherheit

Bayerisches Landesamt für Gesundheit und Lebensmittelsicherheit

Veterinärstr. 2, 85764 Oberschleißheim

An die
Interviewpartner

Ihre Nachricht	Unser Aktenzeichen	Ansprechpartner/E-Mail:	Durchwahl und Fax:
		Prof. Dr. Manfred Wildner	09131 / 6808 - 5590
		Manfred.Wildner@lgl.bayern.de	09131 / 6808 - 5425
Datum: 30.05.2014			

Zulassung von Arzneimitteln und Medizinprodukten in Deutschland: Eine vergleichende Evaluation der Verfahren und Schwachstellenanalyse

Sehr geehrte Damen und Herren,

Im Rahmen seiner Promotion zum Doktor der Humanbiologie (Dr. rer. biol. hum.) an der Medizinischen Fakultät der LMU München mit dem Titel „Zulassung von Arzneimitteln und Medizinprodukten in Deutschland: Eine vergleichende Evaluation der Verfahren und Schwachstellenanalyse" führt David Reinhardt unter meiner Betreuung Experteninterviews durch.

In diesem Zusammenhang bitte ich Sie um Ihre Unterstützung. Herr Reinhardt möchte Interviews mit verschiedenen Stakeholdern führen, um Erfahrungen aus der Praxis in eine Analyse einfließen zu lassen. Diese Interviews sollen helfen, Schwachstellen in den derzeitigen Prozessen zu identifizieren sowie Lösungsansätze zu entwickeln.

Ich wäre Ihnen sehr dankbar, wenn Sie einem Interview zustimmen würden. Alle Daten und Informationen werden ohne Nennung Ihres Namens und Ihrer unmittelbaren Funktion archiviert und ausgewertet.

Bei Rückfragen stehe ich Ihnen gerne zur Verfügung.

Mit freundlichen Grüßen

apl. Prof. Dr. med. Manfred Wildner, MPH

8.2 Datenschutzerklärung

Doktorarbeit von David Reinhardt über die Zulassung und das Inverkehrbringen von Arzneimitteln und Medizinprodukten.

Niederschrift über die förmliche Verpflichtung auf das Datengeheimnis

Herr/Frau _____, geboren am _____ wurde heute auf die Wahrung des Datengeheimnisses nach §5 des Bundesdatenschutzgesetzes[1] vom 20.12.19990 (BGBl. I S. 2954, zuletzt geändert durch Gesetz vom 21. Aug. 2002 (BGBl. I S. 3322)) verpflichtet. Er/Sie wurde darauf hingewiesen, dass es untersagt ist, geschützte personenbezogene Daten unbefugt zu einem anderen als dem zur jeweiligen rechtmäßigen Aufgabenerfüllung gehörenden Zweck zu verarbeiten, bekannt zu geben, zugänglich zu machen oder sonst zu nutzen, und dass diese Pflichten auch nach Beendigung der Tätigkeit fortbestehen. Dies gilt ohne Rücksicht darauf, ob die personenbezogenen Daten in automatisierten oder nicht automatisierten (manuellen) Verfahren verarbeitet wurden.

Er/Sie wurde darüber belehrt, dass Verstöße gegen das Datengeheimnis nach §41 BDSG sowie anderen einschlägigen Rechtsvorschriften mit Freiheits- oder Geldstrafe geahndet werden können; dienst- oder arbeitsrechtliche Konsequenzen werden dadurch nicht ausgeschlossen.

Eine Verletzung des Datengeheimnisses wird in den meisten Fällen gleichzeitig eine Verletzung der dienst- oder arbeitsrechtlichen Pflicht zur Verschwiegenheit darstellen; in ihr kann zugleich eine Verletzung spezieller Geheimhaltungspflichten liegen (z. B. §203 StGB).

Er/Sie erklärt, über die Pflichten nach §5 BDSG sowie die Folgen ihrer Verletzung unterrichtet zu sein, genehmigt und unterzeichnet dieses Protokoll nach Verlesung und bestätigt den Empfang einer Ausfertigung.

Datum, Unterschrift der/des Verpflichteten und Bestätigung durch den/die Verpflichtende/n, dass die Unterschrift in seiner/ihrer Gegenwart geleistet wurde.

_____   _____

Datum, Name   Datum, Name

---

1   § 5 Datengeheimnis: Den bei der Datenverarbeitung beschäftigten Personen ist untersagt, personenbezogene Daten unbefugt zu erheben, zu verarbeiten oder zu nutzen (Datengeheimnis). Diese Personen sind, soweit sie bei nicht-öffentlichen Stellen beschäftigt werden, bei der Aufnahme ihrer Tätigkeit auf das Datengeheimnis zu verpflichten. Das Datengeheimnis besteht auch nach Beendigung ihrer Tätigkeit fort.

8.3 Gliederungskategorien und Bewertungskriterien

Tabelle 15: Gliederungskategorien

Kategorie	Definitionen	Ankerbeispiele	Kodierregeln
Generelle Regeln			– Textstellen sollen nach Möglichkeit nur einer Kategorie zugeordnet werden. Im Zweifelsfall sollte die passendste Kategorie verwendet werden. Überschneidungen sollten nur in Ausnahmefällen vorkommen. – Unterschiedliche Themen, die aufeinander folgen und in eine Kategorie gehören, sollen zusammenhängend (also als langer Text), kategorisiert werden.
1. Inverkehrbringen (generell)	Diese Kategorie beinhaltet generelle Beschreibungen (incl. Bewertungen) der Prozesse zum Inverkehrbringen, die nicht spezifisch einer Produktgruppe zugeordnet werden können oder die diese vergleichen.	*Sie müssen mit den Medizinprodukten in erster Linie zeigen, dass es technisch okay ist, dass es sauber ist, dass es tatsächlich das ist, was Sie behaupten, dass es ist. Die ganzen, die ganzen sehr gut definierten Aufwände an Wirksamkeit und Sicherheit, die sind dann nicht mit drin."*	– Große Themenzusammen-hänge markieren – Wenn (auch implizit, z. B. durch einen Vergleich) beide Unterthemen angesprochen werden, wird die Textstelle in diese Oberkategorie eingeordnet. – Wenn möglich sollten Themen nicht hier, sondern in die Unterkategorien eingeordnet werden.
a. Arzneimittel	Generelle Bewertung der Zulassung bei Arzneimitteln	*Ja, also da ist die Frage, was kann und muss Arzneimittelzulassung da leisten, aber nochmal wiederholt: prinzipiell alternativlos. Was ist die Alternative? Wenn wir hier keine Hürde mehr einbauen, dann ist dem Verkauf von Wunderwassern Tür und Tor geöffnet."*	
b. Medizinprodukte	Generelle Bewertung des Prozesses zum Inverkehrbringen bei Medizinprodukten (sog. New Approach), incl. Benannte Stellen und Serviceorientiertheit	*„Also man muss natürlich zunächst einmal zur Kenntnis nehmen, dass Medizinprodukte ein sehr heterogener Markt sind, die sich natürlich dann auch von dem Anwendungsrisiko massiv unterscheiden. Und wenn ich sage, wir haben eine fundamentale Kritik, dann bezieht sich das grundsätzlich auf Produkte mit hohem Risikopotenzial."*	
2. Arten des Inverkehrbringens	Diese Kategorie beschreibt, welche von Grund auf unterschiedlichen Arten (Gruppen) des Inverkehrbringens es gibt, die nicht spezifisch einer Produktgruppe zugeordnet werden können oder die diese vergleichen.		– Große Themenzusammen-hänge markieren – Wenn (auch implizit, z. B. durch einen Vergleich) beide Unterthemen angesprochen werden, wird die Textstelle in diese Oberkategorie eingeordnet. – Wenn möglich sollten Themen nicht hier, sondern in die Unterkategorien eingeordnet werden.
a. Arzneimittel	Verschiedene Zulassungsverfahren (Nationale Zulassung, CP, DCP, MRP)	*„Den nächsten Themenblock, den ich habe, sind die verschiedenen Zulassungsverfahren. Es gibt ja das nationale, das Zentralisierte Zulassungsverfahren, decentralized procedure und mutual recognition procedure. Für wie sinnvoll halten sie diese Differenzierung?* *I: Wir selber, also ich kann dann eher auch so für die international aufgestellten Konzerne sprechen, machen von den nationalen Verfahren nur noch in Ausnahmefällen Gebrauch. Auch bei den MRP-, DCP-Verfahren, da wird mir dann auch Gebrauch von gemacht, wenn es bereits existierende Zulassungen gibt an die man irgendwie anknüpfen möchte. In der Regel geht die Tendenz zu dem Zentralisierten Zulassungsverfahren. Aus historischen Gründen werden noch eine lange Zeit alle drei Zulassungsverfahren nebeneinander bestehen bleiben."*	
b. Medizinprodukte	In-vitro-Diagnostika, Aktive, Implantierbare MP, Sonstige Medizinprodukte	*„Und die Trennung zwischen In-vitro-Diagnostika und Medizinprodukten, die halte ich grundsätzlich für sehr sinnvoll. Weil, die Zweckbestimmung von In-vitro-Diagnostika natürlich eine genau andere ist. Man kann natürlich fragen, ob Untersuchungsmethoden, die halt eben nicht In-vitro-Diagnostika sind, ob die dann auch in einer, was weiß ich, Verordnung von Medizinprodukten zur Untersuchung oder, Diagnostische Medizinprodukte, te, ob sowas nicht sinnvoller wäre, aber auch so ist grundsätzlich eine In-vitro-Diagnostika Richtlinie oder Verordnung sinnvoll."*	

Kategorie	Definitionen	Ankerbeispiele	Kodierregeln
3. Unterlagen zum Inverkehrbringen	Diese Kategorie beschreibt, welche Unterlagen für das Inverkehrbringen notwendig sind, die nicht spezifisch einer Produktgruppe zugeordnet werden können oder die diese vergleichen.	*„Und wenn sie jetzt die wissenschaftliche Qualität von den Studiendesigns bei Arzneimitteln und Medizinprodukten vergleichen. Wie würden sie das sehen? I: Naja, ich denke bei Arzneimitteln sind die Standards viel höher. Also das ist denke ich unstrittig.“*	– Große Themenzusammenhänge markieren – Wenn (auch implizit, z. B. durch einen Vergleich) beide Unterthemen angesprochen werden, wird die Textstelle in diese Oberkategorie eingeordnet. – Wenn möglich sollten Themen nicht hier, sondern in die Unterkategorien eingeordnet werden.
a. Arzneimittel	Hierzu gehören Themen, die mit den Zulassungsunterlagen, dem Pharmakovigilanz-System und dem Risikomanagement-system zu tun haben.	*„Und eigentlich, eigentlich wäre es ja so, dass man davon ausgeht, dass die Pharmacehersteller die, also die Daten klinischer Studien, die vorliegen auch der Wissenschaft zugänglich macht um zu schauen, wie genau sich alles auswirkt. Und da gab es ja auch schon den ein oder anderen Skandal oder bekannten Fall, dass, ja, sich im Nachhinein herausgestellt hat, dass nicht alle relevanten Endpunkte veröffentlicht worden sind, und sich als dann auf besondere Gruppen dann mit hohen Risiken auch auswirkt.“*	
b. Medizinprodukte	Hierzu gehören Themen, in denen es um die technische Dokumentation, Grundlegende Anforderungen, klinische Bewertung, Sicherheitsprüfung vor Inverkehrbringen, der Zweckbestimmung und die ISO-Normen geht.	*„Das zweite ist die Bewertung, die unseres Erachtens nicht ausreicht. [...] Das dritte ist dann die Transparenz der Daten. Sie finden beispielsweise die Zweckbestimmung, dass, was bei den Arzneimitteln grob das Anwendungsgebiet ist, nur in der Gebrauchsanweisung, und eigentlich auch auf dem Produktlabel, da findet man es aber eben dann auch oftmals nicht. Ansonsten finden Sie dazu nichts. Und Sie finden auch keine Angaben zur Risikoklasse, und es gibt auch keine Datenbank, wo Sie gucken können, als Kasse zum Beispiel, was für Produkte sind eigentlich auf dem Markt? Also welche Herzschrittmacher gibt es beispielsweise?“*	
4. An das Produkt angepasste Verfahren	Diese Kategorie beschreibt Verfahren, die es speziell nur für bestimmte Produktgruppen gibt und die diese vergleichen.		– Große Themenzusammenhänge markieren – Wenn (auch implizit, z. B. durch einen Vergleich) beide Unterthemen angesprochen werden, wird die Textstelle in diese Oberkategorie eingeordnet. – Wenn möglich sollten Themen nicht hier, sondern in die Unterkategorien eingeordnet werden.
a. Arzneimittel	Hierzu gehören verschiedene Zulassungsformen (generische Zulassung, Hybrid-Antrag, Bibliografische Zulassung, Zulassung von Biosimilars, Standardzulassung, Orphan Drugs).	*„Das war jetzt sogar der allgemeine Rahmen, es gibt obendrein noch bei besonders innovativen, gut wirksamen, wichtigen Arzneimitteln mit der entsprechenden Indikation auch die Möglichkeit des ‚accelerated procedure‘, der beschleunigten Zulassung, da wird das dann nochmal verkürzt; und das sind jetzt schon Details. Also, das einfach als Kommentar, die Zulassungen dauern so lange, muss ich bisschen was dagegen sagen.“*	
b. Medizinprodukte	Hierzu gehören an das Risiko des Produkts angepasste Verfahren und Themen, die mit der Differenzierung nach Risiko zu tun haben sowie Überlegungen zu verschiedenen Qualitätssicherungssystemen.	*„Dokumentation noch nicht stimmt oder dass das QM noch nicht stimmt. Aber in der Regel haben Kunden, die bei uns landen, Berater, die das QM-System entsprechend vorbereitet haben und oft auch die technische Dokumentation entsprechend vorbereitet haben. Es kommt natürlich vor, dass wir sagen können: zu dem Zeitpunkt jetzt erscheint uns eine Zertifizierung noch nicht sinnvoll. Das fällt aber in der Regel im Audit Stufe 1 auf, also der reinen Unterlagenprüfung des QM-Systems oder bei der Prüfung der Technischen Dokumentation.“*	

Kategorie	Definitionen	Ankerbeispiele	Kodierregeln
5. Sicherheitsanforderungen nach dem Inverkehrbringen	Diese Kategorie beschreibt, welche Sicherheitsanforderungen nach dem Inverkehrbringen existieren, die nicht spezifisch einer Produktgruppe zugeordnet werden können oder die diese vergleichen, und wie diese umgesetzt werden.		– Große Themenzusammenhänge markieren – Wenn (auch implizit, z. B. durch einen Vergleich) beide Unterthemen angesprochen werden, wird die Textstelle in diese Oberkategorie eingeordnet. – Wenn möglich sollten Themen nicht hier, sondern in die Unterkategorien eingeordnet werden.
a. Arzneimittel	Hierzu gehören insbesondere das Pharmakovigilanz-System und das Risikomanagementsystem.	„Das ist ja das, das kann die Zulassung nicht leisten. Ein [...] Todesfall, der in 1 zu 10000 als auftritt, den kann ich mit keiner klinischen Studie sehen. Deswegen haben wir jetzt auch gerade die neue Pharmakovigilanz-Gesetzgebung [...], die sagt, deswegen müssen wir Arzneimittel auch nach Markteinführung beobachtet werden, um da ein Auge drauf zu halten."	
b. Medizinprodukte	Hierzu gehören das Vigilanzsystem und die Überprüfung des Risikomanagementsystems (incl. Audits).	„Aber man muss ja sehen, dass zwar die Erfassung von Komplikationen und unerwünschten Wirkungen gesetzlich geregelt ist, aber dass ich denke, da wird nur ein kleiner Teil überhaupt erfasst."	
6. Sonstige Aspekte	Diese Kategorie sammelt die Aspekte, die der Interviewpartner auf die Frage, ob es noch weitere wichtige Aspekte gibt, genannt hat, sobald sie nicht in eine der oberen Kategorien fallen oder Bewertungen an anderen Stellen des Textes, die nicht in eine der oberen Kategorien fallen. In dieser Oberkategorie werden nur Aspekte gesammelt, die nicht spezifisch einer Produktgruppe zugeordnet sind oder oder die diese vergleichen.	„Das etwas, was ich vielleicht als Arzneimittel betrachten würde, dann als Medizinprodukt hier auf den Markt bringe, und damit die ganzen schönen Anforderungen an Wirksamkeit und Sicherheit und deren ausgiebige Darstellung weg ist, ein CE-Zertifikat des TÜVs reicht aus." ODER „Und das ist ein System-Fehler, also, so einer Interessensvereinigung dann den Auftrag zu erteilen, eine Vereinbarung zu machen die auf alle Fälle Interessen verletzt, von Mitgliedern, das kann nicht funktionieren."	– Große Themenzusammenhänge markieren – Wenn (auch implizit, z. B. durch einen Vergleich) beide Unterthemen angesprochen werden, wird die Textstelle in diese Oberkategorie eingeordnet. – Wenn möglich sollten Themen nicht hier, sondern in die Unterkategorien eingeordnet werden.
a. Arzneimittel	Hierzu gehören sonstige Aspekte, die sich nur auf Arzneimittel beziehen.	„Und da denke ich, wir des manchmal schwer werden, da zu sagen: Sollen wir da jetzt so stur bleiben und in Deutschland out-opten für Deutschland? Das heißt ja auch, dass kein Patient Zugang zu diesem Medikament hat. Also da denke ich, da kommen schon neue Abwägungszwänge rein, die wir so bislang nicht hatten."	
b. Medizinprodukte	Hierzu gehören sonstige Aspekte, die sich nur auf Medizinprodukte beziehen.	„Also wie gesagt, vielleicht einfach nur als Schlussplädoyer meinerseits und das hat sich über die langen Diskussionen jetzt über die Jahre hinweg, [...] seit [...] 2008 [...] bestätigt. Und ich denke Mal, das System, das momentan existiert, passt und kann funktionieren. Es hat Verbesserungspotenzial. Da wird heftig daran gearbeitet momentan. Was, sage ich Mal, sind so glücklich dran ist. Da gibt es ja diese Diskussion über die Verbesserungen usw. im System, die wurden 2008 gestartet, sind jetzt noch nicht abgeschlossen. Und wenn man dann eine gemeinschaftliche Basis dann letztendlich hat, dann wird es wahrscheinlich in drei, vier, fünf Jahren, je nachdem, wie die Übergangszeit ist, hat es zehn Jahre gedauert, um diese Maßnahmen umzusetzen. Und das ist halt aus meiner Sicht etwas zu lang. Das sollte etwas schneller gehen."	
7. Synthese/ Synopse	Diese Kategorie sammelt Textstellen, in denen eine mögliche Synthese / Synopse aus den verschiedenen Systemen vorgeschlagen / beschrieben wird.	„D: Ich hätte als letzte Frage jetzt noch, vielleicht kurz, ob Sie eine Idee haben, wie eine Synthese aus den beiden, also den beiden, Zulassungsverfahren von Arzneimitteln und dem Inverkehrbringen von Medizinprodukten aussieht, dass quasi die Stärken der jeweiligen Prozeduren genutzt werden können. I: Ja, also gegenwärtig hat man ja den Eindruck, dass in den Ministerien, diese beiden Abteilungen, die für die Medizinprodukte zuständig sind und für Arzneimittel, eigentlich auch gar nicht miteinander kommunizieren, denn die Systeme sind grundverschieden [...]."	

Zusätzlich wurden die jeweiligen Kategorien nach folgenden drei Bewertungs-kriterien kategorisiert:

Tabelle 16: Bewertungskriterien

Kriterium	Definitionen	Ankerbeispiele	Kodierregeln
Generelle Regeln			Generelle Grundregel: Wenn aus dem markierten Abschnitt der Zusammenhang nicht klar hervorgeht, wird eine kurze Zusammenfassung des Kontexts als Kommentar hinzugefügt.
Kritik am jetzigen Vorgehen	Ist eine Kritik am jetzigen Vorgehen. Diese Kategorie beinhaltet als problematisch gesehenes, incl. subjektiv als unangemessen angesehenes, Sachverhalte, die nicht gut oder die nicht wie gefordert funktionieren (aus Sicht des Interviewpartners und/oder des Gesetzgebers). Schwachstellen oder Regelverstöße.	*„Da gibt es aber das Problem: es gibt einzelne Arzneistoffe die sind zum Beispiel in anderen Ländern als Orphan Drug zugelassen, und in Europa dann nicht. Weil die EMA eine andere Auffassung hat. Und das finde ich persönlich unglücklich, weil die meisten Pharmafirmen ja doch international, nicht nur auf europäischer internationaler Ebene, sondern weltweit international agieren, und da ist das einfach ungünstig. Ich finde, ein Orphan Drug ist ein Orphan Drug, oder eben nicht ein Orphan Drug."*	Hier gilt es kleinere Abschnitte zu markieren. Unterschiedliche Kritikpunkte werden separat voneinander markiert, auch wenn sie direkt hintereinander liegen. Fällt ein Punkt nicht in eine der oben beschriebenen Gliederungskategorien, muss die passendste nachgetragen werden (ggf. Sonstige). Bewertungen dürfen nicht außerhalb der Gliederungskategorien liegen.
Bewährte Vorgehensweisen	Bestätigt, was bis jetzt im Prozess gut läuft. Die Kategorie beinhaltet Abläufe, die gleich bleiben sollen, gut funktionieren und/oder als gut bewertet werden.	*„Also die Zulassung, das Zulassungsverfahren, müssen heute natürlich immense Datenmengen, Dokumentation, bewältigen und dazu braucht man auch entsprechend Zeit. Das ist gar keine Frage. Insofern halte ich die Dauer, die die Zulassungsbehörde im Augenblick für die Prüfung von neuen Zulassungsverfahren benötigen, für angemessen."*	s.o.
Limitationen	Ist ein Punkt im jetzigen oder im vorgeschlagenen System, der limitierend wirkt.	*„[G]ewisse Risiken von Arzneimitteln sich natürlich erst dann zeigen, wenn sie in sehr breiter Anwendung verabreicht werden, was natürlich in Zulassungsstudien nicht einfach gegeben ist"* ODER *„Ok, also dass man quasi auf europäischer Ebene Empfehlungen rausgibt, aber die nicht bindend sein müssen. IP: Ja. Wobei das auch eine: also das ist ja dann wieder eine unternehmerische Entscheidung, sag ich mal, ja. Und da kann man natürlich die, weiß nicht, Arzneimittelregulierungsbehörden auch jetzt keinem Unternehmer mit auf den Weg geben, ihr müsst das da aber jetzt wieder in den Markt bringen."*	s.o.
Verbesserungs-vorschläge	Ist ein Verbesserungsvorschlag (auch implizit).	*„DR: Also, inwiefern, dass man die unabhängig erhobenen Daten mehr miteinfließen lässt? IP: Genau. Mehr miteinbezieht, oder beziehungsweise vielleicht auch erstmal darauf reagiert, wenn die irgendwelche Auffälligkeiten melden."*	s.o.

Printed in the United States
By Bookmasters